KB117370

너는 지금
무슨 생각을 하니?

너는 지금 무슨 생각을 하니?

지은이 최현우
펴낸이 임상진
펴낸곳 (주)넥서스

초판 1쇄 발행 2014년 7월 5일
초판 7쇄 발행 2016년 8월 10일

2판 1쇄 발행 2017년 2월 20일
2판 12쇄 발행 2023년 7월 15일

출판신고 1992년 4월 3일 제311-2002-2호
10880 경기도 파주시 지목로 5
전화 (02)330-5500 팩스 (02)330-5555
ISBN 979-11-5752-115-9 13190

*이 책은 『당신도 멘탈리스트가 될 수 있다』의 개정판입니다.

www.nexusbook.com

너는 지금
무슨 생각을 하니?

마술사 **최현우**의 마음 읽기 심리학

최현우 지음

넥서스BIZ

Mentalist

모든 관계는
'마음 읽기'로부터
시작된다

나는 1996년에 본격적으로 마술을 시작했다. 그때 나는 겉으로 드러나는 현상에만 집중한 마술을 보여 주었다. 손에 쥐고 있던 동전이 사라지고 처음에 보이지 않았던 카드가 나타나는 등 무엇인가가 나타나거나 사라질 때 관객들은 크게 환호하며 박수를 보내 주었다. 관객들의 그런 모습을 보는 것이 나의 가장 큰 즐거움이었다.

시간이 지날수록 마술이 종합예술의 정점에 있다는 것을 알게 되었다. 즉 마술을 잘하기 위해서는 트릭을 공부하는 것뿐 아니라 조명, 음향, 시스템, 특수효과, 연기 등 다양한 것이 필요하고, 그것에 대해 익혀야 한다는 것을 깨닫게 된 것이다.

그 많은 것 중에서 내게 가장 중요하고, 가장 필요한 것은 심리학적 기술을 배우는 것이었다. 예를 들어, 어떠한 물건이 이미 사라졌음에도 불구하고 관객이 여전히 그곳에 물건이 있다고 믿게 하기 위해서는 언어적인 화법은 물론, 심리학적인 트릭까지 이용해야 했다. '그것'이 '그곳'에 있다는 믿음이 클수록, 그 믿음이 깨지는 순간 얻게 되는 놀라움과 즐거움은 더욱 커진다.

이처럼 무대 위에서 관객들에게 더 큰 놀라움과 즐거움을 선사하기 위해 나는 멘탈리즘의 기술적 트릭과 심리학을 깊이 있게 공부했다. 그 과정에서 마술의 트릭 없이 심리적 테크닉만으로도 상대방의 마음을 읽을 수 있다는 사실을 알게 되었다.

멘탈리즘의 궁극은 상대방의 마음을 읽고 행동을 예측하고, 나아가 상대방의 마음과 행동을 내가 바라는 대로 움직이게 하는 데 있다. 예컨대 마음에 드는 이성을 만났을 때 속으로 끙끙대기보다 멘탈리즘을 익혀 좀 더 효과적인 방법으로 서서히 다가간다면 결과적으로 그의 마음이 나에게 향하도록 만들 수 있다. 비즈니스 역시 마찬가지이다. 내가 제출한 기획안이 상사의 눈에 꼭 들게 할수도, 상사의 신임을 한 몸에 받을 수도 있다.

비단 연애나 비즈니스적인 측면의 성과만이 멘탈리즘의 목적은 아니다. 이혼율이 급증하고, 서로 간의 소통이 둔화되어 소송이 증가되는 이 사회에서 상대방의 마음을 읽는 것은 그 무엇보다 필요한 능력이다. 상대방의 마음을 읽고, 배려하고, 예측하여 좀 더 풍부한 인간관계를 만든다면 마법 같은 인생을 살 수 있다.

사실 이 책에서 말하는 멘탈리즘이 모든 사람에게 적용되는 것은 아니다. 모든 법칙에는 항상 예외가 있듯이 멘탈리즘 역시 마찬가지이다. 그럼에도 불구하고 멘탈리즘을 배워야 하는 이유는 통계적으로 볼 때 '그렇게 될' 확률이 높기 때문이다. 멘탈리즘은 다양한 인간관계에서 유용하게 활용할 충분한 가치가 있다.

물론 이 책을 읽는다고 해서 누구나 상대방의 마음을 읽고, 나아가 그의 마음을 조종할 수 있는 것은 아니다. 또한 세상의 모든 거짓말을 파악하게 되거나 사기꾼을 즉시 판단할 수 있는 놀라운 능력이 생기는 것도 아니다. 알고 있는 것을 나의 능력으로 만들기 위해서는 체득의 과정, 즉 계속해서 훈련하고 실생활에 접목시키는 연습을 해야 한다.

멘탈리즘이란 상당히 어렵고 장르가 넓기 때문에 모든 것을 배우고 익히는 것은 현실적으로 어렵다. 특히 그중에는 고도의 테크닉을 요구하는 것도 있어서 부담감으로 인해 도중에 그만둘 지도 모른다. 하지만 미리부터 걱정할 필요는 없다. 첫 술에 배부르기를 바라기보다 천천히, 조금씩, 무엇보다 마음이 가는 것부터 하나씩 익혀 나가면 된다. 이 책에서는 초보자들도 쉽게 흥미를 갖고 배울 수 있을 정도의 간단한 것부터 출발한다.

내가 이 책을 통해 인도하는 대로 조금씩 훈련하고 실천해 보기 바란다. 그렇게 하는 것만으로 당신의 생활과 당신을 둘러싼 인간관계가 반드시 바뀔 것이다. 부디 이 책을 통해 당신이 진정한 멘탈리스트로 거듭나기 바란다.

멘탈리스트 최현우

Contents

CHAPTER

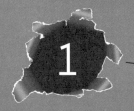

1

멘탈리스트,
마음을 조종하다

"세상에서 가장 강력한 기생충이 뭘까요?
박테리아? 바이러스? 회충? 바로 '생각'입니다.
죽이기도 힘들고 전염성도 강해요.
머릿속 깊이 박힌 생각을 제거한다는 것은 거의 불가능한 일이죠."
_영화 〈인셉션〉 중에서

내 직업은 마술사이다. 무언가를 사라지게 하기도 하고, 새롭게 나타나게 하기도 하며 분명히 하나였던 것을 순식간에 두 개, 세 개로 만들기도 하고, 이것과 저것의 위치를 바꾸어 놓기도 한다. 재빠른 손놀림과 여러 가지 장치를 활용하여 관객들에게 놀라움과 즐거움을 선물하는 것이 나의 큰 기쁨이다.

최근에 나는 내 이름 앞에 조금은 특별한 수식어를 하나 추가했다. 바로 '멘탈리스트 최현우'. 몇 년 전부터 공연이나 방송 등을 통해 마술과 결합된 멘탈리즘을 선보이고 있다. 2012년 MBC 추석특집을 통해 공개한 매직쇼크 '멘탈리스트' 편이 화제가 되면서 우리나라에서도 멘탈리즘에 대한 관심이 일었다. 포털 사이트 실시간 검색어 10개 중에 9개가 멘탈리스트, 멘탈리즘, 멘탈매직 등일 정도였다.

사실 외국에서는 오래전부터 멘탈리즘에 대한 대중적인 관심이 높았다. 미국 드라마 〈라이 투 미(Lie To Me)〉와 〈멘탈리스트(The Mentalist)〉 등을 통해 멘탈리즘이 전 세계적으로 소개되었기 때문이다.

멘탈리즘이란 '사람의 마음을 연구하는 심리학과 최면, 독심술, 말하기 트릭 등을 이용하여 사람의 마음을 읽는 것'을 말한다. 다른 사람의 마음을 읽는다는 것이 특별한 재능을 가진 사람만이 할 수 있는 '초능력'의 영역이라 오해하는 사람도 많지만 멘탈리즘은 결코 초능력이 아니다. 멘탈리즘은 과학, 심리학, 테크닉 등을 이용하여 영적 능력과 초능력이라고 불리는 초현실적 현상을 재현해 보이는 퍼포먼스의 총칭으로, 해외에서는 일상용어로도 사용되고 있는 지극히 일반적인 언어이다.

멘탈리스트는 이러한 멘탈리즘을 보여 주는 사람을 말한다. 명탐정으로 유명한 셜록홈즈는 현대의 멘탈리스트에 가까운 모델이라 할 수 있다. 셜록홈즈는 상대방의 근육 움직임, 콜드리딩, 핫리딩을 통해 상대방이 무엇을 생각하고 있으며, 어떠한 행동을 할지 미리 예측했다.

멘탈리즘을 소재로 한 미국 드라마를 보면 멘탈리스트들이 멘탈리즘을 이용하여 사건을 해결하거나 의문을 하나하나 풀어 나간다. 나는 그런 멘탈리즘을 쇼의 형태로 옮겨 와 마술을 통해 사람들에게 보여 주고 있다. 멘탈리즘과 마술이 결합된 쇼를 멘탈매직이라고 하는데, 누군가가 자신의 마음을 읽고 행동을 예측한다는 것에 사람들은 놀라움을 금치 못한다.

가장 대표적인 멘탈매직은 '카드 알아맞히기'이다. 상대방에게 특정 카드를 생각하게 한 뒤, 여러 가지 질문을 통해 상대방이 어떠한 카드를 생각하고 있는지 맞히는 것이다. 자신의 마음속에 꽁꽁 숨겨 두었던 카드를 나에게 들키는 순간, 사람들은 놀란 표정을 지으며 입을 다물지 못한다.

여담이긴 하지만, 제아무리 뛰어난 멘탈리스트라 하더라도 상대방이 룰에 어긋나는 행동, 예를 들어 처음에 떠올린 숫자나 카드를 다른 것으로 바꾸는 돌발 행동을 하면 이후 상황이 애초의 계획과 어긋나게 진행되곤 한다. 그래서 무언가를 떠올리게 할 때는 반드시 상대방에게 마음속으로 그것을 기억하되, 절대 바꾸지 않도록 당부해야 한다. 특히 남성들 중에 마술사가 정답을 맞히기 전에 마음을 바꿔 골탕을 먹이려는 경우가 많다.

나 역시 이런 짓궂은 관객을 만나 난감했던 적이 한두 번이 아니다. 그래서 관객의 돌발 행동에 대비해 상황별로 대처법을 준비해 두기도 한다. 하지만 무엇보다 이런 복잡한 상황이 펼쳐지지 않도록 관객에게 도움을 요청하는 것이 가장 중요하다.

멘탈리즘의 매력은 이런 여러 상황에서도 상대방의 마음을 읽을 수 있다는 점이다. 사실 상대방의 마음을 읽는다기보다 조종한다는 것이 더욱 정확할 것이다. 사람의 마음은 조종될 수 있다는 것을 보여 주는 것, 이것이 바로 멘탈리즘의 가장 큰 매력이다.

사람들은 어떤 카드를
가장 많이 생각할까?

카드는 마술이나 멘탈매직에서 많이 사용되는 도구 중 하나이다. 그래서인지 많은 사람이 의심 가득한 눈빛을 보내며 이렇게 묻곤 한다.

"혹시 특수 카드를 사용하는 것은 아닌가요?"

절대 그렇지 않다. 당신이 지금 당장 편의점이나 마트에서 카드를 사다 주어도 같은 마술을 보여 줄 수 있다.

마술사나 멘탈리스트들이 카드를 자주 사용하는 여러 가지 이유 중 하나는 카드가 사람들이 가장 오랫동안 사용해 온 익숙한 게임 도구이기 때문이다. 우리나라 대부분의 가정에 화투가 보관되어 있듯이 서양에는 집집마다 카드가 보관되어 있다.

마술의 기원은 카드놀이에서 시작되었다는 설이 있다. 카드놀이를 하던 사람들이 게임보다 조금 더 흥미로운 트릭들을 발견하여 서로에게 보여 주면서 마술이라는 새로운 장르가 등장했다는 것이다. 물론 처음에는 아주 초보적인, 수학적인 트릭 등에서 출발했지만 현대 마술에 있어서 카드 마술 분야는 엄청난 발전을 이룩했다.

카드는 스페이드, 클로버, 하트, 다이아몬드와 같이 네 가지 문양으로 구성되어 있다. 이 네 가지 문양은 인간의 사계절을 의미한다. 또한 카드는 총 52장인데, 이는 인간의 1년 52주를 상징한다. 각 카드의 숫자를 더하면 1년보다 하루가 모자란 364가 된다. 그래서 조커를 더해서 1년을 의미한다는 이야기도 있다. 참고로 조커는 인간의 삶에서 1일 혹은 윤년, 윤달을 의미한다고 한다. 이런 상징들로 인해 카드가 타로카드로 발전했다고 주장하는 사람도 있다.

카드의 문양과 숫자가 인간과 밀접한 관련이 있는데다 익숙한 놀이 도구라는 것 외에도, 마술사나 멘탈리스트들이 카드를 많이 사용하는 이유는 상대방이 선택한 카드로 그의 심리를 꿰뚫어 볼 수 있기 때문이다. 물론 역으로, 상대방의 성격을 통해 그가 어떤 카드를 선택할지 짐작하는 것도 가능하다. 일반적으로 남성의 경우는 검정색을, 여성의 경우는 빨간색을 많이 생각한다. 또한 성격에 따라 특정 문양의 카드를 떠올리는 확률이 높아지기도 한다. 예컨대 감성적이고 감정 표현이 풍부한 사람들은 하트를 많이 생각하는 경향이 있다. 그런 사람들은 대화를 나눌 때 조금 과한 손동작을 하곤 한다.

남성적이거나(혹은 카드 게임에 능하거나) 책임감이 있어야 하는 직업을 가진 사람들은 스페이드를 많이 생각하고, 돈에 대한 걱정이 있는 사람들은 돈을 상징하는 문양인 다이아몬드를 많이 생각한다. 클로버는 행운을 상징하기 때문에 많은 사람이 떠올릴 것 같지만 실제로 거론되는 경우는 의외로 적다.

마술과 멘탈리즘은 상대방의 성별이나 성향 등의 관찰 외에도 통계의 도움을 받기도 한다. 멘탈리스트 바나첵(Banachek)은 8만 명에게 하나의 카드를 생각하게 하고, 가장 많이 생각하는 카드의 순위를 정했다. 그런데 놀랍게도 실험자의 25%는 다음의 네 가지 카드를 생각했다고 한다.

에이스 스페이드　　　　퀸 하트　　　　에이스 하트　　　에이스 다이아몬드

이 외의 카드를 생각하는 비율은 확연히 낮았다. 카드 모양 선호도는 스페이드(24,000)가 첫 번째, 하트(23,000)가 두 번째, 다이아몬드(17,300)가 세 번째, 클로버(14,600)가 네 번째였다. 8만 명이라는 사람을 대상으로 한 실험 결과인 만큼 이 통계를 활용한다면 상대방이 선택할 카드를 맞힐 확률도 제법 높아진다.

마음을 읽는 마술, 멘탈매직은 훈련을 통해 완성된다

멘탈리즘, 멘탈매직이라는 다소 생소한 용어를 접한 사람들이 이런 질문을 많이 한다.

"멘탈매직에 마술의 트릭이 쓰이지는 않나요?"
"멘탈리즘과 마술은 무엇이 다른가요?"

일반적으로 마술은 물건을 없애거나, 사람이 순간 이동을 하거나, 갑자기 무언가가 나타나게 하는 등 겉으로 드러나는 시각적인 변화에 집중한 쇼를 보여 준다. 그렇기 때문에 빠른 손놀림이나 장치 등을 이용하는 트릭을 쓴다.

그러나 순수한 멘탈리즘은 상대방의 마음을 읽어 내고 다음의 행동을 예측하는 것이다. 멘탈리즘은 마술과 어떤 부분은 닮아 있기도 하고, 같이 사용되어지기도 하지만 결정적으로 겉으로 보이는 부분이 많이 다르다.

마술은 시각적으로 어떠한 현상을 보여 주지만 멘탈리즘은 마음속에서 일어나는 경우가 많다. 즉 개인의 심리 상태, 정보, 과거와 미래의 행동 등을 알아낸다. 그래서 오히려 심리학에 더 가깝다. 또한 멘탈리즘은 마술처럼 불가능한 현상을 보여 주기보다 그 사람이 지금 가지고 있는 조건 등을 이용하여 심리나 행동을 맞히는 것에 중점을 둔다.

나는 마술 공연을 한 지 올해로 18년이 되었고, 그동안 방송이나 공연 등을 통해 수많은 마술을 진행했다. 그런데 지금까지의 경험으로 비추어 볼 때, 사람들이 가장 신기해하는 마술은 멘탈리즘처럼 누군가의 마음을 읽는 것이었다. 마음은 겉으로 표현하지 않는 이상 알아맞히기가 쉽지 않다. 더군다나 마음을 조종한다는 것은 거의 불가능에 가까운 일이라는 것이 일반적인 생각이다. 그런데 마술 공연에서 자신이 생각한 숫자를, 자신의 속옷 색깔을, 심지어는 첫키스를 했던 나이를 알아맞히면 관객은 멘붕 상태가 된다.

앞서 말했듯 멘탈매직이란 기본적인 멘탈리즘과 마술이 결합된 장르이다. 흔히 멘탈매직이라고 하면 미래를 알아맞히는 '예언'만을 떠올리기 쉽다. 하지만 염동력, 투시, 텔레파시, 물체의 변형, 초감각적 행위 혹은 인간의 능력을 뛰어넘는 것(예를 들어 깨진 와인병의 유리 조각 위를 걷는다거나 커다란 돌을 배에 올려놓고 깨는 것), 최면술 등도 멘탈매직이다. '깨진 와인병의 유리 조각 위를 걷는 마술'에 대해 '그건 차력 아니야?'라고 의문을 품는 사람도 있지만 그것은 차력이 아닌 멘탈리즘의 효과 중 하나이며, 고도의 훈련을 통해 숙련한 기술이다.

마술사들이 멘탈리즘을 활용할 때 사용하는 기술의 난이도는 매우 다양하다. 간단한 기술의 경우, 굳이 멘탈매직을 전문으로 하는 마술사가 아니더라도 쉽게 구현할 수 있다. 예컨대 마술을 도와줄 관객을 선정할 때도 간단한 멘탈리즘을 적용한다.

흔히 마술사들은 관객들에게 음악에 맞추어 박수를 치게 한 뒤 객석으로 가서 마술을 도와줄 관객을 선정하는데, 이때 박수를 치는 손의 위치가 가슴보다 약간 높은 관객을 선택한다. 가슴보다 높은 위치에서 박수를 치는 행동은 상대방에게 마음을 열었다는 의미를 내포하고 있기 때문에 무대에서 마술사의 지시를 적극적으로 따라 줄 확률이 매우 높다.

이처럼 멘탈매직은 손 기술이나 장치 대신 심리학적인 기술이 아주 많이 사용된다. 앞서 말했듯이, 마술을 도와줄 관객을 선정하는 것만 하더라도 겉으로는 자유롭게 선택되어진 것처럼 보이지만 실제로는 멘탈리스트가 의도한 대로 선정하는 경우가 많다.

하지만 단순히 심리학적인 기술만으로 인간의 다양한 심리와 태도 등을 단번에 정의 내리기는 어렵다. 그래서 마술의 트릭 등으로 이를 보완하는 것이다. 즉 심리학적 기술에 마술의 트릭을 더해 밝혀 낼 수 없는 현상을 만들어 내는 것이 멘탈매직이다.

세계적인 마술사 데이비드 카퍼필드(David Copperfield)가 자주 하는 마술 중에 '인터렉티브 멘탈매직'이라는 것이 있다. 유명한 멘탈리스트 맥스메이븐(Max Maven)이 프로듀싱한 이 마술은 관객이 공연장이 아닌 집에서 텔레비전을 보면서도 참여할 수 있다는 장점이 있다. 손가락으로 텔레비전을 가리키면서 열차 칸의 종류를 맞히던 카퍼필드의 마술은 큰 화제가 되었다. 사람들은 실제로 카퍼필드와 그 어떤 교류도 없었음에도 그가 자신의 마음을 알아맞힌 것에 대해 무척이나 신기해했다.

수학적 원리와 심리학이 결합된 고도의 마술인 이 멘탈매직은 나 역시 자주 하는 방법이다. 내가 멘탈리즘과 멘탈매직에 관심을 갖게 된 것은 그 자체의 매력도가 높다는 이유 외에도 현대 마술의 한계를 깨달았기 때문이다. 현대 마술은 미디어의 발달로 대부분의 트릭이 노출되었다. 특히 일루전 마술(illusion magic, 큰 무대 장치 등을 이용하는 마술을 말한다. 사람을 자른다거나 마술사가 순간이동하는 마술 등이 대표적인 일루전이다.)의 경우 텔레비전과 유튜브 등을 통해 대부분 공개가 되어 예전에 비해 관객들의 신기함이나 놀라움의 정도가 확연히 줄었다. 눈앞에서 쇼를 직접 볼 때는 신기할지 모르나 그것이 텔레비전 등의 매체로 옮겨졌을 때는 느린 동작 기능을 통해 분석되는 경우가 많기 때문이다. 마술사들의 손이 아무리 빨라도 순간 캡쳐의 속도를 당해 낼 수는 없다. 현대 과학의 발전은 안타깝게도 마술사들에게 커다란 위기를 선물해 준 셈이다.

'살아남는 종(種)은 강한 종도 아니고, 똑똑한 종도 아니다. 변화에 적응하는 종이다.'라는 찰스 다윈의 말처럼 살아남아 최고가 되기 위해서는 '변화'를 받아들이고 적응해야 한다. 현대 과학 기술의 발달은 일루전 마술의 위기를 가져왔지만, 이러한 변화는 곧 멘탈매직이라는 또 하나의 기회를 창출해 냈다. 멘탈리즘이나 멘탈매직 등은 캡쳐나 느린 동작 기능을 활용해도 절대 그 기법을 알 수 없다.

현재 전 세계적으로 일루전 마술이 퇴보하고 멘탈매직이 활발하게 선보여지고 있다. 가까운 일본에서는 다이고(DaiGo)라는 멘탈리스트가 일주일에 두세 번 방송에 출연하고 있고, 영국에서는 대런 브라운(Derren Brown)이라는 세계 최고의 실력을 가진 멘탈리스트가 큰 인기를 끌고 있다. 또한 미국에서는 희대의 초능력자라 불리는 유리겔라(Uri Geller)와 현재 미국에서 가장 유명한 마술사인 크리스 엔젤(Criss Angel)이 텔레비전 쇼에 나와 시청자 투표로 멘탈리즘 서바이벌 쇼를 진행하기도 했다.

이처럼 멘탈리즘이 전 세계에서 유행하고 있는 이유는 무엇일까? 여러 가지 분석이 있지만 첫 번째 이유는 미디어의 발달로 마술의 트릭이 노출되어 현대 마술의 전환점으로서 멘탈리즘이 선택되었다는 것이고, 두 번째 이유는 극도의 자본주의사회에 지친 사람들이 자기 마음의 치유와 자기 마음 알기에 열을 올리고 있다는 점이다. 최근 심리학 서적 시장이 이전과 비교해 10배 이상 커진 것도 이 같은 맥락일 것이다.

멘탈리즘은 단순한 마술의 영역을 넘어 삶에 지치고 상처받은 마음을 치유하고, 나아가 인간관계에 긍정적인 효과를 창출해 낼 수 있다는 점에서 엄청난 매력을 가지고 있다. 자신의 마음을 알고 상대방의 마음을 읽는다는 것! 이는 당신의 멋진 무기가 될 것이다.

어떻게 마음을 읽는 것이 가능할까

소위 '독심술'이라 불리기도 하는 멘탈리즘은 어떻게 가능한 것일까? 몸과 마음은 하나로 구성되어 있다. 아무리 단순한 생각을 하더라도 어떤 신체적인 활동을 완전히 배제할 수는 없다. 무언가를 떠올릴 때 우리 뇌에서는 전기 화학 작용이 일어난다. 특정 뇌세포들이 정해진 패턴에 따라 메시지를 교환하기 때문이다.

만약 당신이 과거의 일을 떠올린다면 그 패턴은 이미 구성되어 있다. 그러므로 당신은 그 패턴을 반복하기만 하면 된다. 반면, 예전에 한 번도 해 본 적 없는 새로운 일을 떠올린다면 패턴 또는 뇌세포들의 연결망도 새롭게 만들어진다. 이 패턴은 신체에 영향을 주고, 자율신경계를 비롯하여 몸 전체의 호르몬(엔도르핀 같은) 분비에도 변화를 일으킬 수 있다. 자율신경계는 호흡이나 동공의 크기, 혈액의 흐름이나 땀의 분비, 안색 등 여러 가지 신체 반응을 관장하고 있기 때문에 분명히 당신의 몸 곳곳에서 이러한 변화들이 표출된다.

모든 생각은 어떤 방식으로든 신체에 영향을 주고, 그것은 종종 명백하게 드러나기도 한다. 예컨대 당신이 겁에 질려 있다면, 입안은 바짝 마를 것이고, 허벅지에 혈류의 양이 증가할 것이며, 즉각 도망칠 수 있는 상태로 자세를 변화시켜 만약의 경우를 대비할 것이다. 또한 당신이 슈퍼마켓 계산대에 서 있는 남자 혹은 여자를 바라보며 성적인 상상을 한다면 매우 뚜렷한 신체 반응이 일어날 것이다. 그저 단순한 상상이었을 뿐인데도 당신의 몸은 즉각 반응한다.

때때로 이런 반응은 너무 사소해서 겉으로 잘 보이지 않을 수도 있다. 하지만 신체가 반응한다는 사실에는 변함이 없다. 이는 그 사람에게 일어나는 신체적인 변화를 관찰하는 것만으로도 그 사람의 기분이 어떤지, 어떤 감정 상태에 놓여 있는지, 무슨 생각을 하고 있는지 충분히 알 수 있다는 의미이기도 하다.

또한 반대로 우리 신체에 일어나는 모든 현상이 우리의 심리 상태에 영향을 주기도 한다. 이는 누구나 쉽게 실험을 통해 확인할 수 있다.

자, 다음 지시대로 실행해 보라.

만약 이것들을 제대로 실행했다면 당신은 갑자기 화가 치밀어 오르기 시작할 것이다. 왜냐고? 당신은 방금 분노를 느낄 때 일어나는 신체 반응, 즉 안면 근육의 움직임을 그대로 실행했기 때문이다.

이렇듯 감정은 그저 머릿속에서만 일어나는 것이 아니다. 우리의 모든 생각처럼 감정이라는 작용은 머릿속을 비롯한 우리 몸 전체를 통해 일어난다. 이것을 역으로 활용하여 감정과 연결된 근육을 활성화시키면, 그 동일한 감정 또는 심리적인 반응도 함께 활성화된다. 그리고 이것은 다시 신체(이 경우에는 자율신경계)에 영향을 준다.

물론 내가 앞서 제시한 대로 실행했음에도 분노의 감정을 느끼지 못할 수도 있다. 하지만 당신이 눈치채지 못했을 뿐이지 당신의 몸은 이미 반응했을 것이다. 맥박이 1분당 10~15회 정도 더 빨라지고 손에 흐르는 혈액의 양이 증가해 손이 따뜻해졌거나 간지러웠을 가능성이 크다.

어떻게 이런 일이 일어났는지 의아할 것이다. 그것은 내가 방금 제안한 근육을 사용함으로써 당신의 몸이 신경계에 화가 났다고 전달했기 때문이다. 어쩌면 그 다음 단계로, 자신도 모르게 버럭 소리를 지르게 되어 자신이 화가 났음을 깨닫게 될지도 모른다.

이와 같이 몸과 마음은 쌍방향으로 작용한다. 특정 생각을 하면 그것이 우리 신체에 영향을 미치고, 반대로 우리 신체에 어떤 일이 일어나면 그것이 우리 생각에 영향을 미친다. 생각해 보면 이는 지극히 이치에 합당한 것이다. 그렇지 않은 것이 오히려 이상한 것이다.

아직도 잘 이해되지 않는다면, 그것은 우리가 늘 어떤 과정 또는 일련의 사건을 '생각'이라는 단어로 표현하는 반면, '몸'이라는 단어는 육체적인 존재를 표현하는 데 사용하기 때문이다. 좀 더 직설적으로 표현하면, 우리는 생물학적인 과정에 어떤 영향을 미치지 않고서는 그 어떤 생각도 할 수 없다. 이런 생물학적

과정은 단지 대뇌에서만 일어나는 현상이 아니라, 우리 몸이라는 유기적인 조직체 전반에 걸쳐 발생한다. 이것이 멘탈리즘이 가능한 이유이며, 멘탈리스트들은 이를 바탕으로 멘탈리즘을 구현한다.

이제 우리는 이런 현상들을 관찰하는 훈련을 통해 예전에는 너무 미묘해서 미처 눈치채지 못하고 넘어갔던 것들을 보는 법을 배우게 될 것이다.

그렇다면 멘탈리즘은 누구에게 필요한 것일까? 멘탈리즘은 마술사나 심리학을 공부하는 이들처럼 특정 사람에게만 필요한 것이 아니다. 멘탈리즘은 정말 다양한 사람이 유용하게 사용할 수 있는 기술이다.

우리는 왜 상대방의 속마음을 알고 싶어 할까? 인간은 사회적 동물이기 때문이다. 우리는 다른 사람들과 서로 관계를 만들고 유지하며 그 속에서 행복을 찾으며 살아간다. 이를 위해 우리는 상대방과 라포르(rapport), 즉 상호 신뢰 관계를 형성해 마음이 통하고, 심지어는 무슨 일이라도 털어놓고 말할 수 있는 사이가 되기를 원한다. 이는 가족이나 연인 관계뿐 아니라 비즈니스 관계에서도 반드시 필요한 것이다.

상대방의 마음을 읽고 이해하는 멘탈리즘을 어릴 때부터 훈련한다면, 친구들이나 가족들과도 별 문제없이 지낼 수 있다. 상대방이 당신이 말하고자 하는 바를 전부 이해할 수 있거나 상대방이 당신이 원하는 대로 행동한다면 삶이 얼마나 편할까? 당신이 라포르를 구축하기 위해 상대방을 관찰하는 습관을 들인다면 인간이 어떤 방식으로 세상을 바라보고 있는지, 얼마나 다양한 특성의 사람들이 있는지 더욱 깊이 알 수 있을 것이다.

반대로 귀찮은 사람, 더는 상대하기 싫은 사람을 당신 주위에서 떨쳐 낼 때도 라포르를 활용할 수 있다. 즉 상대에게 반대 의견을 표출하고 싶거나 부정적인 느낌을 전달할 때는 라포르 방식을 역행하여 사용하면 큰 효과를 볼 수 있다.

현대 사회는 공감과 소통의 시대이기 때문에 상대방과 대화할 수 있는 기술과 능력이 매우 중요하다. 상대방이 원하는 바를 이해하지 못하거나 내가 원하는 바를 전달하지 못한다면, 원만한 사회생활이나 행복한 연인 관계를 유지하기는커녕 불편한 삶을 살 수밖에 없다.

물론 누군가와 라포르를 형성하고, 나아가 멘탈리즘을 구현하는 것은 책 한 권으로 학습할 수 있는 간단한 일이 아니다. 치밀하게 관찰하여 오랫동안 반복적으로 연습해야만 익힐 수 있는 기술이다.

많은 사람이 학창시절에 배운 제2외국어를 잘 활용하지 못하는 것 역시 이러한 반복적인 연습과 훈련이 부족하기 때문이다. 클로에 마다네즈는 이런 현상을 '독일 세퍼트 현상(german shepherd phenomenon)'이라고 했다. 우수한 품종의 독일 세퍼트도 학습한 것을 지속적으로 강화하지 않으면 그것을 잊어버린다는 것이다.

멘탈리즘은 크게 4단계의 훈련 과정을 거친다.

· **1단계 :** 무의식적인 무지 상태. 멘탈리즘을 처음 접하는 사람들의 전형적인 상태로 자전거 타기를 예로 들면, 자전거 타는 방법을 전혀 모르는 단계이다. 또한 사이클링이라는 것이 존재하는지도 알지 못한다. 이 책을 읽는 대부분의 독자가 여기에 속한다.

- **2단계** : 의식적인 무지 상태. 자전거를 타는 방법은 모르지만 사이클링의 존재 정도는 알고 있으며, 그것에 대해 무지하다는 사실을 인지하고 있는 상태이다.
- **3단계** : 의식적인 지식 상태. 자전거를 탈 수는 있지만 자전거를 타는 것에 의식적으로 집중하고 있을 때만 자전거를 탈 수 있는 상태이다.
- **4단계** : 무의식적인 지식 상태. 자전거를 타는 것을 의식하거나 신경 쓰지 않고도 자전거를 잘 탈 수 있는 상태이다.

진정한 배움은 4단계에서 이루어진다. 멘탈리즘을 제대로 구현하기 위해서는 자신이 의식하지 않고 자동적으로 그 방법들을 적용하고 있다고 느낄 때까지, 즉 4단계에 이를 때까지 계속 훈련하고 적용해 보아야 한다.

이 책을 통해 멘탈리즘의 원리를 깨닫고 기본을 익힌다면 어느새 그 묘미를 느끼게 될 것이다. 멘탈리즘은 하루아침에 얻게 되는 신비로운 능력이 아닌 지속적인 훈련이 뒷받침되어야 비로소 얻어지는 '기술'이다. 시간을 두고 천천히 음미해 가며 적용하면 어느새 몸에 착 달라붙게 된다. 이런 과정이 얼마나 재미있는지 그리고 얼마나 효과적인지 깨닫기 시작하면 멘탈리즘의 매력에 더욱 깊이 빠지게 될 것이다.

인간의 특성을 이용하는 멘탈리즘

미국의 한 통신 판매 회사에서 소비자가 어떤 가격일 때 가장 많이 구매하는지에 대한 재미있는 실험을 했다. 이 실험에서는 원가 39달러짜리 의류에 34달러,

39달러, 40달러로 표기하여 판매를 해 보았다. 어느 가격으로 표기된 옷이 가장 많이 팔렸을까?

대부분의 사람이 가장 낮은 가격을 매긴 34달러짜리 옷이 가장 많이 팔렸을 것이라 생각한다. 하지만 가장 많이 팔린 것은 39달러짜리 옷이었다. 원가를 알지 못하는 소비자들은 40달러가 넘는 옷을 39달러에 할인해서 판매한다고 생각한 것이다. 반면 34달러짜리 옷은 39달러나 40달러 제품보다 품질이 떨어지는 제품이라고 생각했다.

이렇게 9자로 끝나는 숫자 심리학은 대단한 힘을 가지고 있고, 이미 우리의 일상 속에서 유용하게 활용되고 있다. 홈쇼핑 등을 통해 이런 사례를 많이 접해 보았을 것이다. 단돈 100원 차이인데도 많은 사람이 39,900원과 40,000원을 큰 차이를 가지고 인식한다. 돈이나 숫자 등을 볼 때 가장 앞자리부터 크기를 비교하는 인간의 특성상 39,900원은 3만 원대의 상품이고, 40,000원은 4만 원대의 상품이라는, 즉 만 원이라는 큰 차이를 느끼는 것이다. 이처럼 단돈 100원으로 그 이상의 차이를 만들어 내는 것 역시 멘탈리즘 기법이다.

멘탈리즘의 기본은 인간의 기본적인 고정관념과 선입견을 역이용하여 행하는 데 있다. 대부분의 사람은 본인이 굉장히 복잡한 사람이라고 생각한다. 다른 사람과 차별되는 특성을 가지고 있고, 생각의 폭이 굉장히 넓다고 생각하는 것이다. 그러나 알고 보면 인간은 아주 단순하며, 고정관념이라는 강한 틀에 사로잡혀 있다.

이런 인간의 특성을 이용하면 간단한 트릭만으로도 멘탈매직을 할 수 있다. 나의 실제 공연을 응용해 볼 테니, 공연장에 온 것처럼 참여해 보기 바란다.

"사는 곳이 어디인지, 이름이 무엇인지와 같은 진부한 질문은 생략하겠습니다. 저는 당신의 개인적인 성향에 대해 알아보고자 합니다. 당신이 생각하는 것, 당신의 마음속에 있는 것들을 끄집어내기 위해서는 당신의 즉흥적인 대답이 필요합니다. 자, 이제부터 제가 손가락으로 '딱' 소리를 내면 제가 묻는 질문에 곧바로 대답해 주세요."

딱!

"지금 여러분의 머릿속에 떠오르는 첫 번째 색깔은 무엇인가요?"

자, 어떤가. 혹시 파란색을 떠올리지 않았는가? 내가 당신의 마음을 읽는 데 성공했다면 당신도 다른 사람에게 이 멘탈매직을 시도해 보도록 하라. 내 경험상 70% 정도의 사람이 '파란색'이라고 답했다. 그런데 이 70%의 확률을 얻기 위해서는 반드시 위의 멘트대로 해야 한다. 그냥 "한 가지 색깔을 떠올려 보세요."라고 말한다면 정말 다양한 색깔이 거론된다. 하지만 "머릿속에 떠오르는 첫 번째 색깔은 무엇인가요?"라고 물어보았을 때는 열에 아홉은 파란색을 선택한다.

사실 이는 맥스 메이븐(Max Maven)이라는 아주 유명한 멘탈리스트가 만든 '멘탈리즘 트릭'이다. 이는 우리나라 관객에게도 70%의 높은 확률로 아주 잘 들어맞았다. 이 멘탈리즘 트릭은 동서양을 막론하고 고정관념은 비슷하다는 것을 증명한 좋은 예라 할 수 있다.

한편, 멘탈리즘은 인간의 뇌가 일으키는 착시나 착각 현상을 활용하기도 한다. 사람들은 보이는 것을 있는 그대로 믿는 경향이 강하다. 그러나 다음의 옵티컬 일루전을 보면 보이는 것이 절대적이지 않다는 것을 알게 될 것이다.

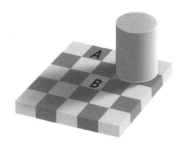

위의 그림은 미국 MIT의 아델슨(E. Adelson) 교수가 1995년에 발표하여 유명해진 착시 그림이다. 체크무늬를 잘 살펴보도록 하라. A부분은 진한 회색이고, B부분은 연한 회색이다. A의 색이 더 진하다는 것은 의심의 여지가 없다. 그러나 놀랍게도 A부분과 B부분은 정확하게 같은 색이다. 위키피디아에서는 이 착시 현상을 'checker shadow illusion'이라고 설명하고 있다. 즉 체크무늬가 그림자 속에 있을 때 이러한 착시 현상이 일어난다는 것이다.

아래 그림을 통해 A와 B의 색깔이 같은 것을 확인해 보도록 하라.

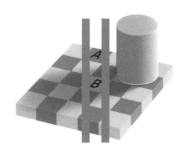

믿을 수 없겠지만, 사실이다. 이 착시 그림을 통해 우리는 많은 것을 깨달을 수 있다. 지각현상뿐 아니라 우리의 생각에도 이런 착시가 숨어 있다는 것이다. 그러니 인간의 뇌는 절대적으로 신뢰할 수 있는 것이 아니다.

이처럼 멘탈리즘의 근저에는 인간의 특성에 대한 이해가 있다. 물론 이러한 인간의 특성에는 신체의 기능에 대한 특성도 포함된다. 오른쪽 귀와 왼쪽 귀는 얼핏 보기에는 별다른 차이점이 없다. 대부분의 사람은 어느 쪽 귀로 들어도 같은 소리로 들리고, 동일한 의미와 이해도로 인식한다고 생각한다.

하지만 이탈리아에서 실시한 조사에 따르면, 오른쪽 귀에서부터 들어온 정보 쪽이 납득하기 쉽고, 부탁을 받았을 때 받아들일 가능성이 두 배 이상 높다고 한다. 그래서 누군가를 설득하거나 부탁할 때 상대방의 오른쪽 귀에 대고 말하면 허락을 받아 내기가 쉽다. 이는 뇌의 위치와 관계가 있다고 하는데, 정보를 처리하는 좌뇌가 오른쪽 귀로 들리는 정보를 다루기 때문이라고 추측된다고 한다.

이탈리아 가브리엘레 다눈치오 대학의 연구팀은 음악이 크게 나오는 시끄러운 클럽에서 180여 명의 사람에게 "담배 한 개비만 달라."고 요구하는 간단한 실험을 했다. 그 결과, 오른쪽 귀에 대고 부탁을 했을 때 더 쉽게 담배를 얻은 것으로 나타났다.

이러한 인간의 특성을 활용하여 중요한 이야기나 부탁은 상대방의 오른쪽 귀를 향해 말하도록 하라. 또한 마음에 드는 이성에게 말을 걸 때에도 오른쪽 귀에 대고 이야기한다면 상대방이 훨씬 더 호감을 갖게 될 것이다. 이런 것이 바로 일상에서 쉽게 활용할 수 있는 멘탈리즘이다.

한편, 눈으로부터 들어온 시각적 정보는 왼쪽에서부터 오른쪽으로 흘러가는 것이 더욱 정확하고 잘 맞는 것 같은 느낌이 강하다. 이는 우리가 글자를 읽거나 쓸 때 왼쪽에서 오른쪽으로 흘러가는 가로쓰기에 익숙하기 때문이다. 길을 다니다 보면 네온사인과 간판, 상품명 등이 대부분 가로쓰기로 되어 있는 것을 확인할 수 있다.

비즈니스를 할 때도 마찬가지이다. 화이트보드를 사용하는 프레젠테이션을 비롯하여 기획서, 보고서 등 대부분의 자료가 가로쓰기로 만들어진다. 이처럼 시각적인 정보를 제대로 전달하고 싶다면 '왼쪽에서 오른쪽의 법칙'을 잘 활용해야 한다.

또 어릴 적부터 무의식중에 몇 번이나 반복해서 경험하고, 몸에 배어 있는 패턴을 머리에 넣어 두는 것도 중요하다. 예를 들어, 무언가에 1, 2, 3, 4…… 라고 번호가 매겨져 있는 경우, 대부분의 사람은 무의식중에 숫자가 작은 것이 좋은 것이라고 착각하곤 한다. 이는 우리의 뇌가 1등, 2등, 3등과 같은 순위에 익숙해져 있기 때문이다. 상품명이나 가게의 이름에 1번이 많다거나 아무것도 아닌 것에서도 1번을 얻으면 기뻐하는 것도 이 때문이다.

이러한 인간의 청각적 특성과 시각적 특성 등을 활용한 멘탈리즘은 지금 당장 실행해 볼 수 있다. 직장에서 누군가를 설득하고 싶다면 그의 오른쪽 귀를 향해 말하고, 시각적으로는 그의 왼쪽에서 오른쪽으로 움직여 보라. 이것만으로도 더욱 효과적인 설득을 할 수 있다.

단, 이 멘탈리즘을 활용할 때 멘탈리스트 초보자들이 주의해야 할 사실이 있다. 계속해서 왼쪽, 오른쪽, 왼쪽, 오른쪽으로 정신없이 왔다 갔다 하면 오히려 좋지 않은 인상을 심어 줄 수 있다. 따라서 중요한 사실을 전달할 때에만 움직이는 것이 가장 이상적이다. 스티브 잡스가 프레젠테이션하는 것을 유심히 보면 그도 이 같은 심리학적인 트릭을 썼음을 알 수 있다. 그는 중요한 핵심 정보를 대중에게 전달할 때에는 관객의 왼쪽에서 오른쪽으로 움직였다. 스티브 잡스도 일종의 멘탈리스트였던 셈이다.

왼쪽에서 오른쪽으로 가는 트릭에 대해 좀 더 구체적으로 설명하면, 상대방이 보았을 때 왼쪽에서 이야기를 시작하고, 걸으면서 움직이고, 오른쪽에서 끝내는 것이 핵심이다. 이 단순한 움직임으로 인해 토크의 시작, 중간, 끝을 '정확하다'라고 인지하게 되는 '좌→우의 룰'이 적용되는 것이다. 즉 당신의 이야기가 논리 정연하게 인지되어 상대방은 그것을 설득력이 높은 이야기라고 생각하게 된다. 여기에 한 가지 기술을 더한다면, 대화 도중에 당신이 강조하고 싶은 부분이 나오면 상대방을 봤을 때 좌→우로 손을 움직인다. 이럴 경우 그 효과는 더욱더 커진다.

당신의 프레젠테이션 내용 중에 그다지 추천하고 싶지 않은 내용이 있을 경우에는 반대로 행동하면 된다. 그 이야기를 할 때 아무렇지도 않게 상대방이 보았을 때 오른손을 우→좌로 움직이면, 상대방이 순간 불쾌감을 느끼게 된다. 이 불쾌감은 당신이 설명했던 그 상품과 연결되어, 마치 그 상품이 좋지 않은 것처럼 기억에 남는다.

왼쪽 귀를 향해 말하는 것도 마찬가지이다. 앞서 말했듯이, 좋은 이야기나 부탁 등을 할 때는 상대방의 오른쪽 귀에 대고 말하는 것이 효과적이다. 반면 라이벌의 나쁜 이야기, 당신이 그다지 밀고 싶지 않은 기획 등 좋지 않은 정보를 전할 때 왼쪽 귀를 향해 말한다면 상대방은 그 내용을 더욱 불쾌하게 인지하게 된다. 그래서 무의식적으로 왼쪽 귀 방향으로 들려온 이야기는 부정적인 방향으로 결론짓게 된다.

연애에서도 마찬가지로 이러한 특성을 활용할 수 있다. 당신이 호감을 가지고 있는 사람이 다른 사람에게 호감을 가지고 있다면 그 사람에 대한 좋지 않은 정보를 상대방의 왼쪽 귀로 흘러들어가게 하면 된다. 아주 단순하고 간단한 트릭이지만 의외로 큰 소득을 얻을 수 있다.

신비한 매력의 숫자 3

3이라는 숫자는 사람을 끌어당기는 묘한 매력이 있다. 사람들은 만세를 해도 꼭 세 번을 하고, 내기를 해도 세 번은 해야 한다고 말한다. 프레젠테이션의 대가 길영로 창조공학연구소 소장은 이렇게 말했다.

"복잡한 것의 시작이면서 단순한 것의 마지막인 숫자, 많지도 적지도 않고 정말 받아들이기 쉬운 숫자가 바로 3이다."

애플의 성공 신화를 이룩한 스티브 잡스 역시 프레젠테이션에서 3이라는 숫자를 적절히 활용했다. 그는 프레젠테이션의 모든 내용을 3-3-3 트리 구조 형태로 전달했고, 3 step speech 기법을 사용하여 내용을 더욱 효과적으로 전달했다.

그 외에도 숫자 3을 활용하여 성공을 거둔 사례는 매우 많다. 세계를 열광시켰던 싸이의 '오빠 강남 스타일'도 딱 세 단어이고, 그의 또 다른 히트곡인 '마더 파더 젠틀맨'도 마찬가지이다.

로마의 위대한 장군이자 정치가, 웅변가로 유명한 율리우스 카이사르(Gaius Julius Caesar)는 기원전 47년, 소아시아의 파르나케스 2세와 벌인 전쟁에서 승리한 후 로마 시민과 원로원에 승전보를 전했다. 이때 승전보의 첫 문장 역시 세 단어였다.

'왔노라(Veni), 보았노라(Vidi), 이겼노라(Vici).'

간단하지만 확신에 찬 이 문구를 통해 카이사르는 내전 중이던 로마에 자신의 군사적 우위와 승리의 확신을 전달했다.

고대 그리스의 아리스토텔레스도 연역추리를 창시하면서 대전제, 소전제, 결론의 삼단논법을 설파하였다. 고대 신화에서 현대의 마케팅까지 3이라는 숫자는 인간의 생활 곳곳에서 그 힘을 발휘하고 있다.

멘탈리즘의 기본, 핫리딩과 콜드리딩

멘탈리즘의 가장 기본적인 테크닉은 바로 핫리딩(hot reading)과 콜드리딩(cold reading)이다. 핫리딩은 대화할 사람의 정보를 사전에 최대한 많이 수집하여 마치 사이킥 능력(초능력)이나 직관력으로 마음이나 과거를 읽어 낸 것처럼 가장하는 것인 반면, 콜드리딩은 상대방의 반응에 맞추어 교묘하게 말을 바꿔 가며 마치 마음을 읽어 내고 정보를 얻은 것처럼 위장하는 것이다.

멘탈리스트의 허점을 파헤친 영화 〈레드 라이트(Red Lights)〉에는 멘탈리즘에 대한 흥미로운 장면이 나온다. 한 마술사가 관객의 지갑을 훔쳐 운전면허증 등을 통해 인터넷으로 관객의 정보를 알아낸 뒤 마치 사이킥 파워로 모든 것을 알아낸 듯한 연기를 보여 준다. 이것은 일종의 핫리딩이다. 물론 실제로 마술사나 멘탈리스트가 이러한 트릭을 쓰는 것은 아니다.

한편, 콜드리딩은 타로카드, 점집 등에서 많이 쓰는 방법이라고 생각하면 좀 더 쉽게 이해할 수 있다. 애매모호한 말로 상대방의 심리나 상태를 넘겨짚되, 표정이나 반응 등을 살피며 자연스럽게 말을 맞춰 가는 것이다. 가장 이해하기 쉬운 예를 하나 들겠다.

점쟁이 : (확신에 찬 목소리로) 집 근처에 산이 있지?

손님 : (잠시 생각하다가) 네.

점쟁이 : 그 산에 자주…… (손님이 고개를 갸웃하는 것을 감지한 뒤) 안 가지?

손님 : 네. 제가 등산하는 것을 좋아하지 않아요.

점쟁이 : 잘했어! 산에 갔으면 큰일날 뻔했어!

점쟁이가 확신에 찬 목소리로 "집 근처에 산이 있지?"라고 말한 것은 우선 '근처'라는 거리의 개념이 모호하기 때문에 실제로 가까이 있든 멀리 있든 산이 있기만 하다면 'YES'라고 대답할 가능성이 높기 때문이다. 게다가 우리나라 땅의 70%가 산이기 때문에 실제 집에서 산이 보이지 않는 경우는 드물다. 그러니 자신 있게 "집 근처에 산이 있지?"라고 물을 수 있는 것이다.

물론 위의 예시는 코미디 프로그램에서나 나올 법한 일이지만 실제로 우리 주위를 살펴보면 이러한 '대충 짜 맞추기'식의 대화로 상대방의 마음속에 침투하는 일이 흔하다. 전문적인 콜드리딩은 '당신의 성격은 냉정하지만 따뜻한 면도 적지 않다.'와 같은, 어찌 보면 말장난과도 같은 면이 있다.

먼저, 이 책을 읽고 있는 당신의 성격을 살펴보도록 하겠다. 내가 말하는 것이 당신의 성격을 잘 설명했다고 생각하면 고개를 끄덕여 보라.

"당신은 성격에 결점이 있다. 하지만 그 결점은 당신이 노력하면 잘 극복할 수 있다. 당신에게는 아직 당신이 발견하지 못한 훌륭한 재능이 있다. 당신은 외적으로는 무엇이든 잘 절제할 수 있지만 내면적으로는 걱정도 있고 불안정한 점도 있다. 때로는 올바른 결단을 한 것인가, 올바른 행동을 한 것인가 깊이 고민하기도 한다. 어느 정도 변화와 다양성을 좋아하고, 규칙이나 규제의 굴레로 둘러싸이는 것을 싫어한다. 당신은 붙임성도 있고 사회성도 강하며 말도 잘하지만, 가끔은 혼자만의 시간을 갖고 싶고, 과묵하기도 하다. 당신이 이루고자 원하는 것들 중에 일부는 조금 비현실적이기도 하다."

어떤가. 아마 대부분 고개를 끄덕였을 것이다. 사실 자신의 성격이라 잠시 착각했던 위의 말들은 어느 심리학 실험에 사용되었던 평가서의 내용이다. 심리학자인 B. R. 포러(Bertram Forer)는 대학생들을 대상으로 이 평가서가 자신의 성격을 얼마나 잘 설명하는지 점수를 매기라고 주문했다. 결과는 5점 만점에 4.26점으로, 대부분의 학생이 자신의 성격과 비슷하다는 답을 한 것으로 나타났다. 그런데 더 놀라운 점은 이 평가서가 신문에 나오는 점성술의 내용을 대충 짜 맞춘 것이라는 사실이다.

위에서 설명한 심리학 실험의 경우처럼, 대부분의 사람이 가지고 있는 보편적인 특성을 자기만의 성격이라고 생각하는 심리적 경향을 '바넘 효과(Barnum Effect)'라고 한다. 물론 신문에 나오는 점성술의 내용은 이러한 바넘 효과를 노린 것이다. 바넘 효과는 9세기 말에 곡예단에서 사람들의 성격과 특징 등을 알아내는 일을 하던 바넘(P.T. Barnum)이라는 사람의 이름에서 유래했다. 일부에서는 성격 진단 실험을 통해 처음으로 이 효과를 증명한 심리학자 버트럼 포러(Betram Forer)의 이름을 따서 '포러 효과(Forer Effect)'라고도 한다.

바넘은 서커스 도중에 관객을 아무나 불러내 직업이나 성격 등을 알아맞히는 것으로 인기를 끌었다. 물론 그에게 남의 마음이나 상황을 꿰뚫어 보는 신통력이 있었던 것은 아니다. 그저 보편적으로 들어맞는 설정, 이를 테면 "당신은 활발한 성격이지만 때로는 혼자 있고 싶어 하는 내성적인 면도 가졌군요."라고 말하는 것이다. '활발하다'와 '내성적이다'를 모두 포괄하는 이 표현에 당연히 관객은 고개를 끄덕이며 '어쩌면 이렇게 잘 알아맞힐까?'라고 감탄한 것이다.

유행가를 듣다 보면 마치 내 이야기 같다는 생각이 들 때가 많다. 사랑에 빠져 행복감을 만끽할 때는 모든 사랑 노래가 내 이야기 같고, 이별의 슬픔에서 허우적거릴 때는 세상 모든 이별 노래가 내 마음과 같다. 이 역시 대표적인 바넘 효과이다.

바넘 효과는 유행가를 자신의 이야기인 양 착각하는 현상 외에도 우리의 일상 곳곳에 깊숙이 들어와 있다. 사람들이 답답할 때 용하다는 점쟁이를 찾아가서 그의 신통력에 탄복하는 것도 바넘 효과가 작용한 것이다.

앞서 설명한 콜드리딩은 바넘 효과를 통해 상대방의 신뢰를 얻고 좀 더 깊은 정보를 가져오기도 한다. 즉 바넘 효과를 사용하면 상대방은 의도치 않게 자신의 깊은 이야기나 정보를 하나둘씩 꺼내기 시작하고, 그로 인해 숨겨져 있던 생각들이 노출된다.

바넘 효과를 활용한 멘탈리즘을 구현할 때는 우선 모든 사람에게 보편적으로 적용될 수 있는 멘트를 날리는 것이 중요하다. 예를 들면, "당신은 섬세하면서 때로는 거친 부분도 있다. 다른 사람들이 당신을 차갑다고 생각하지만 당신은 집으로 돌아오면 그들에게 더 다정하게 대해 주지 못했다는 것을 후회할 때가 많다. 그런 면에서 본다면 사실 당신은 마음이 여린 사람이다."와 같이 말하면 상대방은 고개를 끄덕이며 당신의 말에 몰입하게 된다.

바넘 효과를 활용한 멘탈리즘은 우선 모든 사람에게 일반적으로 적용될 수 있는 이야기를 한 뒤, 상대방이 '이 사람은 나를 잘 아는구나.' 혹은 '이 사람은 내 마음을 정확하게 간파하고 있구나.' 하고 생각하게 하는 것이 핵심이다. 그렇게 마음을 열면, 그는 자연스럽게 자신의 이야기를 하기 시작할 것이고, 당신은 미처 알지 못했던 그 사람의 정보를 알아낼 수 있다.

우리가 흔히 알고 있는 점집 풍경이 바로 이러한 바넘 효과가 잘 드러나는 장면이다. 점집에 가서 점쟁이가 당신의 과거들을 하나씩 맞춘다면 당신은 분명 크게 놀라면서 현재의 고민을 이야기하거나 자신의 정보를 솔직히 털어놓을 것이다.

"남편이 바람을 피우는 것 같아요."
"저는 지금 집을 내놓은 상황이에요."
"직장은 마음에 드는데, 직속 상사가 너무 마음에 들지 않아요."

이와 같은 식으로 당신은 당신의 정보들을 상대에게 하나씩 털어놓게 되는 것이다. 그러면 상대방은 당신의 마음을 읽는 것이 훨씬 더 쉬워지고, 당신의 행동을 예측하고 조작하기가 한결 수월해진다.

실제로 대부분의 멘탈리즘은 이러한 콜드리딩을 바탕으로 이루어진다. 그 외에도 옷 색깔, 보디랭귀지, 얼굴 표정, 시선, 언어 선택 등을 바탕으로 상대방을 분석할 수 있다.

나는 카드 색깔 알아맞히기 마술을 할 때 관객이 검정색 카드를 말해야 하는 상황이라면 짙은 색깔의 옷을 입은 남자 관객을 선택하여 답을 말하게 했다. 짙은 색 옷을 입은 남자의 경우 빨간색 카드와 검정색 카드 중에 검정색 카드를 선택할 확률이 높다. 반대로 관객이 빨간색 카드를 말해야 하는 상황에서는 밝은 색 옷을 입은 여자 관객을 선택했다.

아마 당신도 이러한 규칙을 활용하여 카드 색깔 맞히기를 테스트해 본다면 놀라운 결과를 얻게 될 것이다. 예를 들어 짙은 색깔의 옷을 입은 남성에게 "카드에는 빨간색의 하트와 다이아몬드, 검정색의 스페이드와 클로버가 있습니다. 이 중에서 한 가지 카드를 골라 주세요."라고 말하면 80% 정도가 검정색 카드를 고른다. 이는 일종의 핫리딩을 이용한 결과이다. 즉 '관객의 옷 색깔과 성별로 무엇을 선택할 것인가'를 미리 예측한 것이다.

우리가 일상에서 핫리딩을 가장 자주 사용할 때는 누군가의 정보를 파악할 때이다. 페이스북이나 트위터, 카카오스토리, 블로그 등에 올린 글이나 사진을 통해 상대방의 학교 정보, 성격, 취향, 취미, 친구 정보 등을 어렵지 않게 짐작할 수 있다.

사실 우리는 멘탈리즘을 배우지 않았다 해도 이러한 행위를 자주 한다. 소개팅에 나올 상대의 페이스북이나 트위터, 카카오스토리 등을 살펴보면서 상대방이 어떤 스타일의 사람인지 유추해 보기도 한다. 예컨대, 특정 단어나 시사용어들을 통해 상대방의 정치적 성향이나 종교관 등을 파악하기도 한다. 이때 종교적 발언의 횟수가 많다면, '이 사람은 독실한 신자이구나.'라는 것도 쉽게 알 수 있다.

또한 상대방이 게시한 글에 '외로움', '슬픔', '어두움', '우울' 등과 관련된 단어를 많이 사용했다면 현재 그의 심리가 불안정하고 우울한 상태라는 것을 짐작할 수 있다. 반대로 '기쁨', '밝음', '즐거움' 등과 관련된 단어가 많이 사용되었다면 상대방이 평소에 명랑하고 긍정적인 성향의 사람임을 짐작할 수 있다. 그 외에도 셀카의 사진이 많으면 '에고이스트'적인 성격이거나, 자신에게 관심이 지대한 사람이라고 판단할 수도 있다. 이와 같이 핫리딩을 통해 상대방의 성격이나 심리 등을 얼마든지 추측할 수 있다. 이 책을 끝까지 읽고 계속해서 연습해 본다면 아마 더 많은 것을 알아낼 수 있을 것이다.

핫리딩에서 중요한 것은 상대방에게 당신의 의도가 드러나지 않도록 유의해야 한다는 것이다. 너무 노골적으로 정보를 수집하는 것이 드러나면 자칫 스토커나 남의 정보 등을 파헤치는 사람으로 오해받을 수 있다.

한편, 이러한 핫리딩과 콜드리딩은 실전에서 바로 적용하여 효과를 거두기는 힘들다. 여러 재료가 적절하게 배합되어야 훌륭한 요리가 완성될 수 있듯이 멘탈리즘 역시 한두 가지 기법만으로 단순하게 구현하는 것보다 다양한 기법을 적절하게 활용해야 더 큰 효과를 얻을 수 있다. 이후에 소개할 여러 기법을 꾸준하게 연구하고 실생활에 접목해 보면 큰 도움이 될 것이다.

고릴라는 왜
보이지 않는 것일까?

마술과 멘탈리즘, 멘탈매직은 인간의 능력에 한계가 있다는 것을 인정하며, 이를 가장 유용하게 활용하는 영역이라 할 수 있다. 제아무리 정신을 바짝 차리고 살펴본다 해도 인간의 능력으로 모든 것을 보고 인지할 수는 없다. 인간의 지각능력은 매우 제한적이기 때문에 아무리 두 눈을 부릅뜨고 두 귀를 쫑긋 세워도 다 보지 못하고 다 듣지 못한다.

영화를 볼 때를 생각해 보자. 처음 그 영화를 보았을 때는 미처 보지 못했던 것이 이후에 다시 그 영화를 보았을 때 눈에 들어온 경험을 해 보았을 것이다. 영화든 혹은 그밖의 무엇이든 보고, 또 볼 때마다 새로운 것이 보이는 이유는 우리의 시각 정보 처리 용량에 한계가 있기 때문이다. 즉 우리는 스크린에서 단 한순간도 눈을 떼지 않아도 결코 모든 것을 보지 못한다는 것이다.

뇌 과학자들은 여러 실험을 통해 인간은 매순간(정확하게는 0.0625초) 17개의 시각 데이터만 받아들인다는 것을 밝혀냈다. 이러한 인간 능력의 한계는 멘탈리즘, 마술 등에 아주 유용하게 활용된다. 마술사들은 손이 눈보다 빠르다. 많은 사람이 지켜보는 앞에서 미녀 조수를 없애기도 하고, 카드를 다른 것으로 바꾸기도 하며, 심지어 마술사 자신이 사라지기도 한다.

심리학자들은 이를 '시각적 맹목성(혹은 부주의맹, Inattention blindness)'이라고 말한다. 시각적 맹목성을 증명한 매우 유명한 실험이 있다. 하버드 대학교의 대니얼 사이먼스(Daniel Simons) 교수는 1999년에 검정색 티셔츠를 입은 학생 세 명, 흰색 티셔츠를 입은 학생 세 명, 총 여섯 명의 학생을 선발한 뒤 팀을 나눠 농구공을 패스하게 했다. 그리고 피실험자들에게 이들의 모습을 촬영한 동영상을 보여 주고 흰색 티셔츠를 입은 팀이 얼마나 패스를 했는지 세도록 주문했다.

잠시 후 사이먼스 교수는 피실험자들에게 이렇게 물었다.

"동영상 중간에 고릴라 의상을 입은 학생이 약 9초에 걸쳐 무대 중앙으로 걸어 들어와 가슴을 치고 나가는 모습을 보았습니까?"

놀랍게도 피실험자의 약 50%가 고릴라 의상을 입은 학생을 전혀 보지 못했다고 답했다. 당신 역시 이 실험에 대한 아무런 정보 없이, '흰색 티셔츠를 입은 팀의 패스 횟수'에 집중하여 동영상을 본다면 실제로 고릴라 의상을 입은 학생을 보지 못할 가능성이 크다.

CHAPTER

2

몸의 언어를 익혀라

"동작만을 신뢰하라. 삶은 말로 이루는 것이 아니라 사건으로 이룬다. 동작을 신뢰하라."

_알프레드 아들러

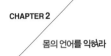
지금 막 프리젠테이션을 마친 당신에게 누군가가 엄지를 치켜세운다면 어떤 기분이 들겠는가. 당연히 기분이 좋을 것이다. 엄지를 치켜세우는 것은 '잘했다', '좋다', '최고이다' 등 칭찬을 할 때 하는 행동이라는 것을 알고 있기 때문이다. 반면 당신을 바라보며 엄지를 아래로 내린다면 당신은 화가 날 것이다. 이는 당신을 무시하는 행동이라는 것을 잘 알기 때문이다.

이처럼 손의 특정한 움직임은 뜻을 가진 언어로 활용되는 경우가 많다. 수화처럼 많은 사람이 동일한 의미로 받아들이는 약속된 손의 언어도 있지만, 상대방의 마음이나 의도를 쉽게 짐작하기 힘든 움직임도 있다. 이런 손의 언어를 익혀 둔다면 멘탈리즘을 활용하여 상대방의 마음을 읽고 내 의도대로 조종하기가 훨씬 수월하다.

손뿐만이 아니다. 손의 움직임, 팔의 자세, 다리의 모양, 얼굴 표정 등 우리는 매순간 온몸으로 상대방에게 메시지를 전달한다. 이러한 몸짓 언어로 상대방에게 나의 마음과 의도를 효과적으로 전하는 것 못지않게 중요한 것이 상대방의 마음과 의도를 읽어 내는 것이다. 이를 위해 필요한 것이 바로 관찰이다.

관객과 함께하는 마술 공연의 경우 선택받아 무대 위로 올라온 관객의 태도에 의해 공연의 성패가 결정된다고 해도 과언이 아니다. 따라서 마술사는 그 관객이 어떤 성향을 가진 인물인지 신속하고 정확하게 파악해야 한다. 그가 긍정적인 생각을 많이 하는지 혹은 부정적인 생각을 많이 하는지를 비롯하여 말을 많이 하는 스타일인지, 침묵이 금이라고 생각하는 스타일인지 등 짧은 시간 동안 많은 것을 살피고, 이를 통해 그를 어떻게 리드할지 결정해야 한다. 관객을 잘못 선정할 경우 나머지 관객들에게 부정적인 영향을 주거나 공연 전체의 리듬이 끊길 수도 있기 때문에 신중해야 한다.

누군가의 성향을 제대로 파악하기 위해서는 정확한 관찰이 이루어져야 한다. 마술 공연이 벌어지는 무대 위가 아니라 일상에서 만나는 사람들의 성향을 파악하기 위해서도 정확한 관찰은 필수이다. 사람들은 자신의 마음을 들키지 않는다고 생각하지만 사람들은 의외로 매우 단순하고 정형화된 패턴을 보여준다. 그래서 관찰이 중요한 것이다. 관찰을 통해 상대방의 마음을 알아내거나 이를 응용하여 상대방의 마음을 조종한다면 우리는 삶의 많은 영역에서 아주 강력한 힘을 발휘할 수 있다.

사람들은 흔히 말하지 않으면 상대방이 나의 의중을 모를 것이라고 착각하지만 인간이라면 누구나 말이나 글과 같은 언어적 전달 외에도 매 순간 상대방에게 메시지를 보낸다. 그 대표적인 것이 바로 표정이나 움직임, 자세와 같은 몸짓 언어이다.

프린스턴 대학에서 실시한 한 연구 결과에 따르면 사람들은 보통 10분의 1초라는 짧은 시간 안에 상대방에 대한 초기 판단을 마친다고 한다. 1초를 10으로 나눈 그 짧은 순간에 우리가 볼 수 있는 것은 바로 몸짓 언어이다.

몸짓 언어는 매우 정직하다. 슬픔이나 기쁨, 즐거움, 분노, 혐오감, 사랑, 동경 등 뇌가 느끼는 감정이 표정이나 몸짓 등으로 표출된다. 그런 의미에서 본다면 평소 꾸준한 관찰을 통해 몸의 언어를 익히고 파악하는 것만으로도 상대방의 감정 상태나 속마음을 상당 부분 알아낼 수 있다. 물론 사람들의 태도나 행동을 꾸준히 관찰한다는 것은 자칫 지루한 일이 될 수도 있다. 한 사례를 소개한다.

이탈리아의 빈치라는 마을에 레니 알바노라는 소년이 살았다. 레니의 스승 베로키오는 레니에게 날마다 달걀만 반복해서 그리게 했다. 지루함을 견디다 못한 레니는 어느 날 스승에게 불평을 늘어놓았다.

"어째서 달걀만 반복해서 그리게 하시는 겁니까?"

레니의 불만 섞인 투정에 베르키오는 이렇게 답했다.

"어느 달걀도 똑같이 생긴 것은 없다. 그리고 같은 달걀이라 해도 보는 위치에 따라, 빛에 따라 달리 보이는 법이다. 너에게 달걀만 그리게 한 것은 사물의 모습을 관찰하는 능력을 키워 주기 위함이다."

레니는 스승의 깊은 뜻을 깨닫고 그 후로 열심히 관찰 훈련을 했다고 한다.

이는 레오나르도 다빈치의 어릴 적 이야기이다. 관찰을 할 때 가장 중요한 것은 고정관념에서 벗어나 다른 각도로 사물과 인간을 해석하고 생각해 보는 것이다. 이러한 섬세하고 꾸준한 관찰 없이는 결코 멘탈리스트가 될 수 없다.

의미 없는 움직임은 없다

어깨를 으쓱하는 행동

대화를 나누는 도중에 상대방이 어깨를 으쓱하는 행동을 하는 것은 그 주제에 대해 그다지 관심이 없거나 당신의 말을 불신한다는 메시지이다. 공연 도중에 이런 행동을 하는 관객을 보게 되면 얼마나 난감한지 모른다. 대부분의 사람은 마술이나 멘탈리즘을 속임수라 여기며 믿지 않는 경향이 강하다. 공연이 훌륭하든 그렇지 않든 애초 그들의 마음이 부정적이면 눈앞에 놀라운 현상이나 결과를 보여 줘도 별다른 반응을 보이지 않는다.

공연을 하기 위해 무대에 올라가 인사를 건네면 대부분의 남성 관객이 어깨를 으쓱하며 탐탁지 않은 표정으로 나를 바라본다. 마음이 닫혀 있거나 아직은 마술을 불신한다는 의미이다. 그럴 때 나는 일단 박수를 치게 유도하여 손을 활발히 움직이게 한다. 박수를 치는 행동은 단순한 호응을 넘어 마음을 열고 불신을 내려놓게 하는 효과가 있다.

종종 조금 더 적극적으로 관객의 불신을 걷어 내기도 한다. 어깨를 으쓱한 관객을 일부러 지목하여 직접 마술에 참여하게 함으로써 즐거움과 함께 믿음을 선물하는 것이다. 아무런 트릭이 없다는 것을 눈으로 직접 확인한 관객은 그 누구보다 크게 호응하며 끝까지 마술을 즐긴다.

비즈니스에서는 조금 다른 방법이 필요하다. 상사가 당신의 보고서를 볼 때 혹은 당신과 대화를 나누는 도중에 어깨를 으쓱할 경우 얼른 화제를 돌리거나 부정적이라고 생각될 만한 포인트에 대해 부연 설명을 해야 한다.

주의할 것은 당신 역시 말을 할 때 어깨를 으쓱하는 행동을 삼가야 한다는 것이다. 그것은 당신이 스스로를 믿지 못한다는 의미이기 때문이다. 자신도 믿지 못하는데 어떻게 상대방에게 신뢰를 심어 줄 수 있겠는가. 실제로 멘탈리즘을 행하기에 앞서 관객에게 혹은 상대방에게 어깨를 들썩이며 이야기한다면 상대방은 무의식적으로 거부감을 갖는다.

누군가가 어떠한 이득을 취하기 위해 당신에게 어깨를 들썩이면서 이야기한다면 거의 100% 거짓말이라고 생각하면 된다. 입으로는 그럴싸한 말을 늘어놓지만 몸이 자신의 말이 거짓임을 고백하는 것이다.

한편 어깨를 으쓱하는 행동을 통해 당신의 의도대로 상대방의 태도를 조작할 수도 있다. 일부러 불신을 조작하기 위해 어깨를 으쓱하며 "A가 그 일을 잘 해낼 수 있다고 자신하던데……. (어깨를 으쓱하며) 과연 그럴까?"와 같이 A에 대해 불신감을 표현하면 상대방도 A를 부정적으로 생각할 가능성이 크다.

목을 만지는 행동

멘탈리즘을 시도할 때 상대방이 목을 만진다면 반드시 주의해야 한다. 이는 상대방이 스트레스를 받고 있다는 증거이기 때문에 가급적이면 무거운 단어를 사용하지 않고 가벼운 주제로 전환하여 다시 대화를 시도해야 한다. 사람들은 중압감을 느낄 때 무의식적으로 목을 만지는 경우가 많다.

반면 데이트를 할 때 이성이 목을 만지는 것은 다른 언어로 해석되기도 한다. 여성이 자신의 목을 만지며 머리카락을 만지면 상대방에게 관심이 있다는 의미이다. 여성의 머리카락과 목은 성적 신체언어로 해석된다. 여성이 목을 한껏 드러내고 샴푸 광고를 하거나 영화에서 목욕신이 있는 것은 상대방을 유혹하기 위한 무의식적인 신체 언어이다. 즉 '이 샴푸를 사용하면 당신은 매력적인 여성이 되어 남성을 유혹할 수 있다.'는 것을 어필하는 것이다.

팔짱을 끼는 행동

누군가와 대화를 나눌 때 팔짱을 끼고 있는 사람을 종종 보았을 것이다. 팔짱을 끼는 것은 대표적인 방어 자세이다. 즉 '공격할 테면 해 봐. 나는 끄떡없어.'라는 무언의 방어적 표현이다. 팔짱 끼기는 무엇인가를 거부하거나 상대방의 이야기가 귀에 잘 들어오지 않을 때, 상대방의 이야기를 믿지 못할 때 무의식적으로 취하게 되는 자세이다.

나는 공연을 할 때마다 한국인들은 정말 의심이 많다는 것을 절실히 느낀다. 공연의 시작을 알리는 막이 열리면 나는 경쾌한 목소리로 관객들에게 "안녕하세요! 최현우입니다."라고 인사를 건넨다. 그러고는 관객들이 앉아 있는 자세를 유심히 살핀다. 그런데 희한하게도 대부분의 남성 관객은 약속이라도 한 것처럼 '팔짱 끼기' 자세를 취하고 있다. '어디 한 번 나를 속여 봐!'라는 마음을 가지고 있는 것이다.

그날의 공연이 성공적이었는지를 판단하는 것 역시 관객들의 자세이다. 나는 공연을 마친 뒤에 마무리 멘트를 하며 인사를 할 때도 관객들의 자세를 눈여겨본다. 공연을 시작할 때 팔짱을 끼고 있었던 관객들이 모두 팔을 자연스럽게 내리고 있다면 그날 공연은 아주 성공적이었다고 볼 수 있다. 나를 믿지 못하고 방어했던 마음이 공연을 보는 동안 서서히 무장해제된 것이다. 연애를 할 때 혹은 비즈니스를 통해 만난 상대가 팔짱을 끼고 있다면 얼른 그의 마음을 열 수 있도록 노력해야 한다.

한편, 상대방이 팔짱을 끼는 타이밍에 따라 그 의미가 조금 다르기도 하다.

A. 대화를 시작했을 때부터 팔짱을 끼고 있는 경우

B. 대화 도중에 팔짱을 끼는 경우

A는 상대방을 얕보는 사람에게서 많이 볼 수 있는 자세이다. 특히 앉아 있는 상태에서 뒤편으로 체중을 싣는다거나 몸 전체를 비스듬하게 하고 있다면 분명 상대방을 얕보고 있는 것이다. 이 경우에는 상대방을 받아들일 생각이 없는, 즉 '거부'의 정도가 높은 상태라고 판단해도 무방하다.

단, 앞으로 구부정한 상태에서 팔로 몸을 감싸는 듯한 팔짱 끼기의 경우는 얕보는 것이 아니라 경계로부터 온 행동일 가능성이 크다. 이는 자신을 감싸고 지키려고 하는 심리적인 표현이다. 이때, 얼굴이 아래를 향하고 시선이 어긋나 있다면 더욱 자기방어적인 자세에 들어갔다고 볼 수 있기 때문에 당신의 목소리는 상대방의 마음에 닿지 않을 가능성이 크다.

한편 B처럼 대화 도중에 팔짱을 끼는 것은 핵심을 찔렸다거나 동요할 때 발생하는 경우가 많다. 상대방이 자신의 약한 부분을 건드렸을 때 그것을 거부하기 위한 방어적인 행동이다. 예를 들어 논의를 하는 자리에서 "가격 부분에 대해 대화를 나누고 싶습니다."라고 말을 꺼냈을 때 상대방이 갑자기 팔짱을 낀다면 '나는 절대 양보하지 않겠어.'와 같은 경계를 하고 있다는 증거이다.

계속해서 테이블 위에 팔을 올리고 이야기하던 사람이 상대방의 말 한마디에 갑자기 양 팔꿈치에 손을 대는 행위, 팔짱을 끼고 뒤로 물러나는 행위, 자료를 들고 의자에 등을 기대는 행위 등도 거부를 의미한다.

얕보는 것이든 경계하는 것이든 팔짱을 끼는 것은 대부분 상대방을 거부하는 행동이기 때문에 어떤 자리에서든지 상대방이 팔짱을 낀다면 가장 먼저 그의 마음을 파악해야 한다. 무엇을, 왜 거부하는지 관찰하고 재빨리 인지해야 상대방의 마음을 움직일 수 있다.

골반에 손을 올려놓는 행동

양손을 골반에 올려놓고 정면으로 상대방을 보는 것은 대부분 권위와 우월감을 나타내는 행동이다. 이는 화가 난 사람에게서도 흔히 볼 수 있는 행동이기도 하며 심리적으로 상대를 방어하기 위한 행동이기도 하다.

나 역시 마술 공연를 진행할 때 관객이 내가 원하는 흐름대로 따라오지 않으면 때때로 이런 행동을 한다. 그러면 잠시 흐름이 끊기고, 관객들은 무의식적으로 '어? 저 사람이 화가 난 건가?' 혹은 '내가 무슨 문제를 일으키고 있는 건가?'라고 생각하고 자신의 행동을 멈추거나 수정한다.

대화를 하는 도중에 상대방이 골반에 손을 올려놓는다면 마음 읽기가 쉽지 않다. 이 행동은 팔짱을 끼는 것보다 좀 더 권위적이고 방어적인 자세이기 때문에 얼른 제스처를 바꾸도록 유도하는 것이 좋다.

뒷짐을 지는 행동

사람은 상대방에게 위협을 느끼고 불안한 마음이 들면 본능적으로 몸을 감싼다. 그에 반해 뒷짐을 지는 것은 몸을 활짝 펴야만 가능한 자세이기 때문에 상대방에게 그 어떤 위협도 느끼고 있지 않으며, 나 역시 상대방을 공격할 의사가 없음을 의미한다. 오래전에 양반들이 뒷짐을 지고 마당을 어슬렁거리던 모습을 상상하면 쉽게 이해가 될 것이다. '준비가 되어 있으니 내 마음을 읽어 보라.'라는 의미가 담긴 자세이기 때문에 멘탈리즘에서는 상대방이 뒷짐을 지고 있으면 마음 읽기가 한결 수월하다.

발꿈치가 들리는 행동

작은 발동작만으로도 상대방의 감정을 읽을 수 있다. 여성들에게 멘탈리즘을 시도할 때 그녀들의 구두가 살짝 들리는 것을 많이 봐 왔다. 이는 초조하거나 그 자리를 빠져나오고 싶을 때, 자신의 마음을 다잡고자 할 때 많이 하는 행동이다. 이때는 서둘러 상대방이 편안한 자세를 취할 수 있도록 해 주어야 한다.

발목을 꼬아서 앉은 행동

폐쇄적인 자세 중 하나로, 발목을 X자로 꼰 것처럼 그 의미 또한 비슷하다. 대화를 하는 중에 상대방이 발목을 꼰 상태로 앉아 있다면 그는 당신의 의견에 동의하지 않거나 경계심을 가지고 있을 가능성이 크다. 팔짱 끼기가 하체로 내려간 경우라고 생각하면 된다. 상대방의 호감을 이끌어 내야 하는 상황이라면 무엇보다 상대방의 경계심을 풀어 주기 위해 노력해야 한다.

손을 통해
상대방의 성격을 파악하는 방법

소개팅 자리, 파티, 친목회 등에서 이 기법을 사용해 보길 추천한다. 우선, 상대방에게 가볍게 "잠깐 손을 내밀어 보세요."라고 말한다. 솔직한 반응을 끌어내기 위해 가볍게 말하는 것이 중요하다. 이때 거부감 없이 손을 내미는지 그렇지 않은지를 관찰한다. 망설임 없이 손을 내민 사람은 당신에게 신뢰를 가지고 있을 가능성이 크다. '어떻게 되어도 괜찮다.' 정도는 아닐지 몰라도 적어도 '이상한 짓을 하지는 않을 거야.'라고 생각할 것이다.

손 내미는 것을 망설인다거나 '뭐야? 무슨 꿍꿍이야?'라고 의심의 눈초리를 보내거나 손을 내밀긴 했지만 당신에게 손이 닿게 하지 않는다거나 손이 구부러져 있다면 당신에게 신뢰를 가지고 있지 않다고 생각해도 무방하다.

이제 다음 단계로 넘어가 보자. 상대방이 손을 내밀었다면 손목을 잡고 당신 쪽으로 살짝 당겨 보라. 저항하며 힘을 주느냐, 바로 끌려오느냐에 의해 상대방이 능동적인 타입인지 수동적인 타입인지 알 수 있다. 솔직한 사람, 순종적인 사람은 상대방의 의도대로 움직이는 반면, 다른 사람에게 컨트롤당하는 것을 싫어하는 타입은 손이 끌려가지 않도록 힘을 준다. 그리고 당신이 손을 놓아 주면 곧바로 손을 내리거나 호주머니 등에 집어넣는다.

물론 항상 능동적인 사람도 있을 테지만, 장소의 상황과 상대방에 따라 캐릭터가 바뀌는 사람도 있다. 누군가에게는 "기가 세다."라는 평가를 듣는 사람이 당신에게는 순순히 손을 내밀고 끌려간다면, 당신에게는 수동적인 면을 보여도 좋다고 생각하고 있을지도 모른다. 모든 사람에게 같은 태도로 대하는 사람은 거의 없다. 따라서 상대방이 당신에게 어떤 태도를 보이는지 관찰하고 나서 그를 어떻게 대하면 좋을지 판단하면 된다.

나도 마술 공연을 하는 중에 여자 관객에게 손을 내밀어 보라고 할 때가 많다. 손을 내민 정도와 세기 그리고 타이밍을 분석하면 이 사람이 내 마술과 멘탈리즘을 얼마만큼 신뢰하고 있는지를 알 수 있다. 손을 적극적으로, 아무 망설임 없이 내민 관객을 선택하면 원하는 대로 마술을 진행할 수 있다.

손의 언어를 읽어라

손바닥을 위로 향하게 하는 행동

"여기에서 가장 중요한 것은 현장을 발견했을 당시 현관문이 열려 있었다는 사실입니다."

영화 〈의뢰인〉에서 아내를 죽인 살해 용의자 한철민의 변호를 맡은 변호사 강성희가 법정에서 변론을 하며 가장 먼저 취한 몸짓 언어는 무엇일까? 영화를 본 사람들은 알겠지만 변호사 강성희는 양손의 손바닥을 위로 향하게 하며 변론을 시작했다. 드라마나 영화의 재판 장면을 유심히 살펴보면 변호사들이 의뢰인의 결백을 주장하기 위해 이와 같은 행동을 자주 하는 것을 알 수 있다.

손바닥을 위로 향하고 있는 것은 감성적으로 상대방에게 '나를 믿어 주세요!'라고 부탁하는 대표적인 행동이다. 이는 정치인들이 연설을 할 때 자신의 뜻을 관철시키기 위해 많이 하는 행동이기도 하다.

이런 행동은 자신의 결백을 주장하는 논리가 부족할 때도 많이 사용된다. 예컨대 여자 친구에게 오해를 받고 있는 사람이 자신의 결백을 믿어 달라며 열변을 토할 때 자연스럽게 손바닥을 위로 향하게 하면 그 효과가 배가된다.

나는 방송에서 마술을 할 때, 특히 카메라 가까이에서 마술을 할 때 시청자들에게 이 같은 메시지를 많이 그리고 자주 전달한다. '내 손에는 아무것도 없습니다. 트릭을 쓰지 않으니 잘 봐 주세요.'라는 뜻에서 이와 같은 행동을 하는 것이다. 이렇게 마술을 시작하면 상대방은 순간적으로 마음을 연다.

대화 중에 손을 움켜쥐는 행동

마술 공연을 하다 보면 관객을 선정하여 무대 위로 올라 오게 하는 경우가 많다. 무대 위로 올라온 관객은 많은 사람 앞에 선 탓에 긴장하게 마련이다. 물론 사람들에게 주목받는 것을 좋아한다거나 모험을 즐기는 적극적인 성격의 관객은 긴장은커녕 눈을 반짝이며 자신을 대상으로 펼쳐질 마술에 대한 기대감을 표현한다.

무대 위로 올라온 관객이 후자의 경우라면 걱정하지 않지만 전자, 즉 잔뜩 긴장하고 있는 관객이 선택된 경우라면 마술을 하기에 앞서 그의 긴장을 풀어 주는 것이 우선이다. 긴장하고 있는 사람의 상당수는 손을 가볍게 움켜쥐고 있다. 이는 서둘러 그 상황에서 벗어나고 싶은 심리가 반영된 몸짓 행위이다.

나는 관객의 긴장을 풀어 주기 위해 간단하게 답할 수 있는 질문을 던진다.

"어디에 사시죠?"

"오늘 이 공연은 누구와 함께 보러 오셨죠?"

"나이가 어떻게 되시나요? 음, 여자의 나이를 물어보는 것은 실례이니, 그럼 몸무게는 어떻게 되시나요?"

이와 같이 마음을 편하게 내려놓을 수 있는 질문이나 가벼운 유머를 던지는 것이 좋다. 연애나 일을 할 때도 마찬가지이다. 처음 만난 사람이 서 있는 상태에서 두 손을 움켜쥐고 있다면 서두르지 않는 것이 좋다. "요즘 날씨가 많이 선선해졌죠?"와 같이 가벼운 화제로 상대방의 긴장감을 풀어 준 뒤 본론을 꺼내는 것이 효과적이다.

단, 상대방의 긴장감을 역이용하여 원하던 것을 얻는 기법도 있다. 협상을 하기 위해 만난 경우에 상대방의 긴장을 틈타 재빨리 본론을 이야기한다면 그가 당신의 제안에 넘어올 확률이 높다.

손가락으로 가리키는 행동

손가락으로 무언가를 가리키는 것은 가장 조심히 사용해야 하는 몸짓 언어이다. 또한 상대방이 이런 행동을 할 때도 신중하게 그 의도를 해석해야 한다. 이는 상대방의 시선을 돌리기 위해, 요점을 강조하기 위해, 상대방이 개념을 더 잘 이해할 수 있도록 돕는 몸짓 언어이다. 하지만 상황에 따라서는 공격과 경멸을 상징하는 강한 메시지를 내포하기도 하기 때문에 신중하게 사용해야 한다.

또한 멘탈리즘에서 손가락의 위치는 상대방의 마음을 흔들 수 있는 가장 강력한 언어이다. 예를 들어 두 개의 물건 A와 B를 보여 준다고 생각해 보라. 그리고 멘탈리스트는 두 개 중 하나를 선택해야 한다고 말하며 A를 보지 않고 B를 손가락질하며 이야기를 진행한다.

"자, (손가락으로 B를 가리키며) 여러분 앞에 두 개의 물건이 있습니다. 잘 생각하셔야 합니다. 두 개의 물건 중 여러분이 마음에 드는 물건이 있다고 생각하셔야 합니다. 그리고 (손가락으로 B를 가리키며) A와 B 중 하나를 선택하셔야 합니다. 자, 여러분은 어떤 물건을 고르시겠습니까?"

물론 손가락으로 B를 가리킬 때의 행동은 아주 자연스러워야 한다. 너무 노골적이면 의도가 들통이 나 오히려 역효과가 날 수 있다. 의도하지 않은 것처럼 자연스럽게 B를 가리키는 데 성공한다면 정말 많은 사람이 B를 선택한다. 이는 모든 협상, 일상생활에서 응용이 가능하다.

당신에게 손가락질을 하며 말을 하는 사람을 본 적이 있는가. (단, 당신이 판단할 때 상대방의 손가락질은 우리가 흔히 말하는 '삿대질'과는 다른, 즉 공격적인 의도가 담기거나 경멸의 뜻이 담긴 것은 아니라고 여겨지는 경우) 이럴 경우 상대방은 당신에게 어떤 강력한 메시지를 주입시키려 하거나 우위를 점하고 싶은 마음이 강한 것이다. 정치인들이 연설을 하는 도중에 요점을 이야기하며 손가락질하는 것도 같은 의도이다. 자신의 주장이 대중들의 마음 깊숙이 자리 잡고, 나아가 심리적으로 우위를 점하고 싶을 때 그들은 손가락질하는 행동을 하곤 한다.

손을 옆으로 세워서 내리치는 행동

손을 옆으로 세워서 내리치는 것은 내가 자주 사용하는 행동이다. 주로 상대방에게 요점을 강조하거나 '이것이 진실이다!'라는 메시지를 전달할 때 많이 사용한다. 텔레비전 쇼 프로그램의 사회자가 퀴즈를 낸 뒤에 게스트가 정답을 알아맞히면 "정답입니다!"라고 외치며 이와 같은 행동을 하는 것을 본 적이 있을 것이다. 이 역시 정답에 대한 확신을 더욱 심어 주기 위한 행동이다.

손을 옆으로 세워서 내리치는 것은 상대방에게 강한 신뢰를 얻기 위해 반드시 필요한 동작이다. 부정적인 상대방의 신체 언어를 상쇄하고 유대감을 얻기 쉽다.

양손을 살짝 모은 자세

영화 〈의뢰인〉을 보면 검사 안민호가 살해 용의자 한철민의 범행 사실에 확신을 주기 위해 배심원들을 향해 양손을 살짝 모은 자세로 서서 이렇게 말한다.

"배심원 여러분은 ○○라는 사실을 기억해 주시기 바랍니다."

양손을 살짝 모은 자세는 얼핏 상대방을 존중하는 공손한 태도로 보일 수 있지만 '무엇을 기억하라.'라는 메시지와 함께 사용되면서 상대방을 심리적으로 제압하는 효과를 발휘하기도 한다. 마술사들의 사진을 보면 이러한 포즈를 취하고 있는 경우가 많다. 이는 관객을 무의식적으로 누르기 위해 흔히 사용하는 포즈이다.

만약 회의 중에 상사가 이런 자세를 취하면 어떨까? 무의식적으로 긴장을 하게 될 것이다. 이는 상사가 권위를 보이려 한다는 것을 직감하기 때문이다. 상사에게 밉보이고 싶지 않다면 얼른 흐트러진 자세를 가다듬고 경청하는 태도를 보이는 것이 좋다.

두 손을 모아서 앉아 있거나 서 있는 자세

인간은 본능적으로 연약함을 표시하기 위해 자신을 보호하는 자세를 많이 취한다. 이 중에서 가장 대표적인 자세가 생식기 위에 두 손을 모으는 일명 '무화과 잎 자세'이다. 상대방이 이 자세를 취할 때는 스스로 을의 위치임을 인정하고 받아들이고자 하는 것이다. 즉 당신의 의견을 존중하거나 들을 준비가 되어 있다는 의미이다. 이를 조금 응용한다면, 당신이 상사의 뜻을 존중하고 그의 말을 따르겠다는 신체 언어로 이러한 자세를 취하면 좋다.

하지만 멘탈리즘을 행하는 사람이 이 같은 자세를 취하는 것은 자신감이 결여되어 보일 수 있기 때문에 그리 바람직하지 않다. 반대로 상대방이 이 같은 자세를 취하면 마음 읽기가 훨씬 쉬워진다.

마음이 변하면 자세도 변한다

의자에 등을 한껏 기대고 있는 행동

호감이 가는 이성과 커피숍에서 대화를 나누고 있다고 상상해 보라. 상대방이 몸을 뒤로 하여 의자에 등을 한껏 기대고 앉아 있다면 당신은 어떤 기분이 들까? 어쩌면 '내 이야기가 지루한가?'라는 생각에 의기소침해질지도 모른다.

아주 친한 사이라면 이런 자세가 편안함으로 해석될 수도 있지만 그렇지 않은 관계에서는 당신이 혹은 당신의 이야기가 그리 재미있지 않다는 의미로 해석할 수 있다.

나 역시 열심히 마술 공연을 하고 있는데 관객들이 등을 의자에 한껏 기대고 앉아 있으면 마음이 좋지 않다. 그것은 공연이 재미가 없다는 무언의 메시지이기 때문이다. 상대방의 이야기가 지루하거나 자신이 그 화제에 낄 수 없을 때 혹은 상대방의 의견에 동의하지 않을 때 사람들은 무의식적으로 이와 같은 행동을 한다.

생각해 보라. 당신의 눈앞에 한순간도 놓치기 싫을 만큼 흥미진진하고 재미있는 공연이 펼쳐지고 있다면 등을 의자에 한껏 기대며 무대와 멀어지는 행동을 하겠는가? 인간은 흥미로운 주제에 관심을 기울일 때 무의식적으로 몸을 상대방 쪽으로 기울이게 되어 있다.

　나는 관객들이 앉아 있는 상태에서 마술을 할 경우, 관객들이 어떻게 앉아 있는지 세심하게 살핀다. 예를 들어 카드 마술을 하고 있는데 관객들의 등이 의자에 닿아 있으면 얼른 다른 마술로 바꾸어서 보여 주거나 서둘러 마지막 마술을 보여 주고 끝맺음을 짓는다. 상대방이 집중하고 있지 못하는데 마술을 이어 가는 것은 지루함만 더할 뿐이다.

　반대로 관객들의 몸이 내 쪽으로 기울어져 있다면 멘탈리즘을 활용한 마술을 선보인다. 이때 관객들의 만족도는 배가된다. 마음이 열려 있는 상태이기 때문에 마음 읽기도 매우 쉽고 리드하기도 수월하다.

　이를 비즈니스나 연애 등에 적용해 볼 수 있다. 상대방에게서 OK 사인을 받아야 하는 경우에 그의 몸이 당신 쪽으로 기울어져 있다면 그때 서둘러 답을 받아 내거나 이야기를 유리한 쪽으로 이끄는 것이 좋다.

호주머니에 손을 찔러 넣고 있는 자세

　영화 〈위대한 개츠비(The Great Gatsby)〉에서 개츠비는 사랑했던 여인 데이지를 오랜 세월 잊지 못한다. 그는 내심 데이지의 사촌인 닉이 둘을 위한 자연스러운 재회의 자리를 마련해 주길 바란다. 하지만 이미 다른 사람의 아내가 된 데이지를 여전히 흠모하고 있다는 것이 나쁘게 보일까 염려되어 자신의 뜻을 쉽게 표현하지 못한다.

　닉이 데이지의 지인이자 유명 골프선수인 조던에게서 개츠비의 의중과 부탁을 전해 듣고 집으로 돌아왔을 때 개츠비는 집 앞에서 그를 기다리고 있었다. 닉이 어떤 결정을 내릴지 초조했던 것이다. 하지만 개츠비는 시치미를 떼며 동네 산책을 하던 중에 자신의 저택 불빛을 감상하고 있는 것처럼 행동한다.

"자네 집이 코니아일랜드처럼 환하네."

닉이 먼저 개츠비에게 말을 건다.

"그래?"

"응."

"그냥 방들을 좀 둘러봤어. 어때? 우리 코니아일랜드에 갈까? 내 차로."

"오! 시간이 너무 늦었네."

닉은 시간이 너무 늦었다며 거절한다.

"그럼 수영 좀 할까? 여름 내내 안 했는데."

깜깜한 밤에 뜬금없이 수영이라니! 자신의 마음이 들키는 것이 싫었던 개츠비가 상황에 맞지 않는 엉뚱한 말을 한 것이다.

"난 자야 해."

"그래……."

서운한 얼굴로 돌아서는 개츠비에게 닉은 데이지와 만날 수 있도록 도와주겠다고 말한다.

"아, 괜찮은데……."

개츠비는 환호를 지를 만큼 기뻤지만 자신의 마음을 닉에게 들키지 않기 위해 "괜찮다.", "불편을 끼치는 것이 싫다."와 같은 엉뚱한 대답을 한다. 물론 닉은 이미 개츠비의 진심을 알고 있었기 때문에 이틀 뒤에 데이지를 자신의 집에 초대하겠다고 약속한다.

자신의 마음을 들키는 것이 쑥스러운 개츠비는 닉과 대화하는 내내 호주머니에 손을 찔러 넣고 있었다. 자신의 본심이 노골적으로 드러나는 것을 경계하기 위해서였다.

이처럼 호주머니에 손을 찔러 넣는 행동은 무엇인가를 숨기거나 불안하거나 방어적일 때 남자들이 많이 하는 행동이다. 당신과 대화하는 상대가 호주머니에 손을 넣고 있다면 그가 얼른 손을 빼도록 유도하는 것이 좋다. 그래야만 진솔한 대화가 가능하다.

나는 남성 관객이 무대에 올라와 손을 호주머니에 넣고 있으면 악수를 청하는 등의 행동으로 그가 호주머니에서 손을 빼도록 유도한다. 그러면 마음을 좀 더 빨리 열 수 있다. 그렇지 않으면 방어적인 자세가 다른 관객들에게도 전달되어 좋지 않은 영향을 줄 수 있다.

자세라는 것은 전염되기 쉽다. 멘탈리즘이 성공적으로 작용하기 위해서 되도록이면 많은 사람이 긍정적인 자세를 취할 수 있도록 유도해야 한다.

멘탈리스트가 되는
최고의 비법

당신이 생각하는 최고의 멘탈리스트는 누구인가. 나는 소설 속 가상 인물이기는 하지만 단연 셜록홈즈가 인류 최고의 멘탈리스트가 아닐까 생각한다. 핫리딩, 콜드리딩을 자유자 재로 구사하는 그는 최고의 탐정인 동시에 세계적으로 가장 많은 팬을 지닌 멘탈리스트이 다. 그는 왓슨에게 '멘탈리스트가 되는 최고의 비법'을 털어놓았다.

홈즈 왓슨, 자네는 눈으로 보기는 해도 관찰을 할 줄 몰라.
보는 것과 관찰하는 것은 전혀 다르다네.

왓슨 나도 관찰력이 제법 좋은데.

홈즈 자네는 홀에서 이 방으로 올라오는 계단을 매일 봤겠지?

왓슨 그렇지.

홈즈 몇 번이나 계단을 오르고 내렸나?

왓슨 수백 번?

홈즈 그래. 그럼 계단이 몇 개인 줄 아는가?

왓슨 몇 개냐고? 그건 잘 모르지.

홈즈 바로 그거야 자네는 관찰하지 않았어. 하지만 눈으로 보기는 했지. 요지는 바로 이 걸세. 나는 계단이 몇 개라는 것을 알고 있어. 나는 눈으로 보면서 동시에 관찰을 하거든.

_《보헤미안의 스캔들》, 아서 코난 도일

얼굴이 곧 마음이다

"얼굴은 웃으면서도 그 눈이 웃지 않는 것은
사악한 성격의 소유자이든지 아니면 슬픔을 가진 자이다.
이런 사람을 친구로 사귀면 위험하다."

_레르몬토프

사람의 얼굴을 구성하는 근육은 크게 저작근(咀嚼筋)과 안면근(顔面筋)으로 나뉜다. 저작근은 아래턱뼈에 붙어 있는 근육으로, 음식을 씹을 때 사용되고, 안면근은 얼굴 전체적으로 분포되어 있는 수많은 작은 근육으로, 눈, 코, 입 등의 크고 작은 움직임에 관여한다.

안면근은 감정의 변화에 따라 여러 가지 표정으로 나타나기 때문에 표정근(表情筋)이라고도 한다. 물론 표정은 인위적인 연출도 가능하지만 주로 심리 상태에 따른 즉각적인 반응으로, 근육의 움직임이 진행되기 때문에 그 사람의 감정이나 마음이 곧 얼굴에 드러난다. 따라서 평소 감정에 따른 얼굴 표정의 변화를 익혀 둔다면 상대방의 마음을 읽는 것이 훨씬 수월해진다.

인간의 얼굴 표정을 해석하고 분류하는 분야의 개척자 중 한 명이자, 세계적으로 유명한 표정 전문가 폴 에크먼(Paul Ekman)은 연구를 통해 얼굴의 움직임을 체계적으로 묘사하여 최초의 얼굴 지도를 그렸다.

내게 가끔 이런 질문을 하는 사람이 있다.

"국적이나 인종이 달라도 마음을 읽는 것이 가능합니까? 특별한 방법이 있습니까?"

폴 에크먼의 저서 《얼굴의 심리학》에 그 답이 있다. 폴 에크먼의 연구 결과가 있기 전까지 모든 학자는 사람들이 유아 시절에 부모의 표정을 모방하는 것이라고 믿었다. 그리고 서로 다른 문화를 가진 사람들은 감정을 표현하는 얼굴 표정도 다를 것이라고 여겼다.

폴 에크먼은 이에 대한 궁금증을 풀기 위해 전 세계를 여행하고, 심지어 아프리카의 원주민들까지 만났다. 그는 다양한 나라, 다양한 사람에게 얼굴 표정 사진을 보여 주고 기쁨, 놀라움, 슬픔, 두려움, 분노 등을 구별하게 했다. 연구 결과, 세계 모든 사람이 인종과 문화에 상관없이 같은 감정에서는 동일한 얼굴 표정을 짓는다는 사실을 알아냈다.

7년 동안의 연구 끝에 마침내 그는 얼굴 표정의 거대한 목록을 완성할 수 있었고, 1978년에 얼굴 움직임 해독법(FACS : Facial Action Coding System)을 만들었다. 〈슈렉〉이나 〈토이 스토리〉 같은 애니메이션들도 이 같은 연구 결과를 참고하여 만들어진 것이다.

멘탈리스트들은 많은 훈련을 통해 상대방의 생각을 읽어 낼 수 있다. 그중에서도 특히 얼굴을 보고 마음을 읽는 것은 관찰의 아주 중요한 단계이다. 폴 에크먼의 오랜 연구에서도 잘 알 수 있듯이 인간이 감정을 드러내는 표정들은 정형화되어 있다. 따라서 꾸준한 표정 관찰 훈련을 통해 상대방이 지금 어떠한 마음을 갖고 있는지 알아낸다면 훌륭한 멘탈리스트가 될 수 있다.

비즈니스나 연애 등의 일상에서 표정만으로 상대방의 마음을 짐작하고, 나아가 겉으로 드러나는 얼굴 표정과 그의 심리 상태가 일치하는지 파악하는 것은 매우 중요한 일이다. 예컨대 회의에 참석한 상사의 얼굴 표정에서 어두운 기운을 미처 발견하지 못해 평소처럼 농담을 던지며 편하게 대하다가는 낭패를 보기 십상이다. 더 심각한 경우에는 오랜만에 만난 지인의 친근한 웃음과 상냥한 표정에서 거짓을 감지하지 못해 사기를 당할 수도 있다.

미국 드라마 〈Lie To Me〉를 보면 주인공은 상대방의 얼굴 표정을 보고 그가 지금 거짓말을 하고 있는지, 어떤 생각을 하고 있는지를 판단하고 사건들을 해결한다. 드라마가 아닌 현실에서도 거짓말을 하는 사람들의 얼굴에는 특정 현상이 나타난다. 따라서 잘 감지하여 피해를 받지 않도록 유의해야 한다.

'눈'에 정보가 있다

커뮤니케이션에서 가장 중요한 역할을 하는 것이 바로 '눈'이다. 눈동자의 크기나 위치를 보면 사람의 마음을 읽어 낼 수 있다. 눈은 상대방의 내면으로 들어가는 첫 번째 문이기 때문이다.

상대방의 마음을 읽기 위해서는 우선 눈, 특히 동공을 관찰하는 것이 중요하다. 상대방의 눈을 빤히 쳐다보며 동공을 지속적으로 관찰하는 것이 어려운 일이라고 생각할지 모르지만 실제로는 생각보다 훨씬 쉽다. 상대방과 대화를 나누는 동안 계속해서 눈을 바라보며 동공의 크기 변화를 살피면 된다. 단지 그것뿐이다.

사람은 무언가에 흥미가 생기면 동공이 확장된다. 얼마 전에 해외에서 방영하고 있는 포커 챔피언 올림픽 대회를 보다가 흥미로운 사실을 발견했다. 결승전에 나와 있는 대부분의 선수가 선글라스를 끼고 있는 것이 아닌가. 아무리 뛰어난 포커페이스라 해도 신경계를 완벽히 통제하는 것은 불가능하기 때문에 좋은 카드가 들어오면 동공이 확장될 것이다. 이런 사실을 상대방에게 들키면 패배할 확률이 높다는 사실을 그들은 잘 알고 있었던 것이다.

고대 중국에서 옥을 사고팔던 옥 상인들도 자신의 눈동자를 가리기 위해 재로 그을린 안경을 썼다고 한다. 보석을 살 때 상인이 어떤 보석에 특별히 관심이 있다는 것을 보이면 자연스럽게 가격이 올라가기 때문에 상인들은 늘 조심스럽게 행동했다. 하지만 동공 크기가 확장되는 것만은 자력으로 조절할 수 없기 때문에 그 대안으로 어두운 색의 안경을 쓴 것이다.

물론 동공은 감정에만 반응하는 것이 아니다. 동공은 빛의 음영 등에도 영향을 받는다. 따라서 어두운 방에서 사물을 보려면 더 많은 빛을 확보해야 하는데, 이때도 동공이 커진다. 심지어는 당신이 어두운 색의 옷을 입고 있어도 상대방의 동공이 커진다. 완전히 술에 취해 있을 때도 마찬가지이다. 그러므로 상대방의 동공이 커져 있다는 것이 반드시 상대방이 당신이나 당신의 이야기에 흥미가 있다거나 관심이 있다는 의미는 아니다.

　하지만 대화를 나누는 도중에 조명 등 주위 환경이 바뀌지 않았는데도 상대방의 동공이 확장된다면, 이것은 상대방이 당신의 이야기에 더 흥미가 생겼고 관심을 가지고 있다는 신호이다. 이런 현상은 좋아하는 사람 앞에서도 나타난다. 반대로 동공의 확장을 역으로 활용하여 상대방이 당신에게 관심을 가지도록 만들 수도 있다. 사람은 자신에게 관심을 보이고 좋은 감정을 가지는 사람을 좋아하게 마련이다. 당신이 상대방의 마음을 얻고 싶다면 당신의 확장된 동공을 그가 잘 볼 수 있도록 하는 것이 좋다.

　남성들을 대상으로 한 실험을 소개한다. 한 여성의 사진을 두 장 준비했다. 한쪽 사진의 동공이 조금 더 크게 확장되어 있다는 점을 제외하고 두 장의 사진은 완전히 똑같았다. 물론 동공의 크기는 실험에 참가한 남성들이 쉽게 눈치채지 못할 만큼 아주 미미한 차이였다.

　남성들에게 두 사진을 보여 준 뒤 어떤 사진이 더 매력적으로 느껴지는지 물었다. 그들 모두가 동공이 더 크게 확대된 사진이 다른 쪽 사진보다 매력적이라는 일관된 반응을 보였다. 그렇지만 남성들은 두 사진 사이에서 표면적으로는 어떤 차이도 찾을 수 없었기 때문에 자신들이 왜 그렇게 느꼈는지는 설명하지 못했다. 이처럼 동공의 크기는 상대방의 마음을 읽기에도 유용할 뿐 아니라 내 마음을 표현하여 상대방의 호감을 얻기에도 아주 훌륭한 신체 언어이다.

한편, 동공의 크기 외에도 눈을 통해 상대의 마음을 읽을 수 있는 것이 바로 시선, 즉 눈동자가 바라보는 방향이다. 사람은 누구나 상대방과 대화를 나눌 때 눈을 움직인다. 대화를 하는 내내 상대방과 눈을 맞추는 사람은 거의 없다. 반드시 시선이 어긋나게 되어 있다. 그런데 그 시선이 상하로 움직이는지, 좌우로 움직이는지에 따라 그 사람의 심리 상태에 큰 차이가 있다.

사람의 신체는 위아래로 긴 모양이다. 그래서 누군가와 대화를 나눌 때 그에게 호감이 가거나 그의 이야기에 관심이 있는 경우라면 대부분 시선이 머리와 가슴 사이를 오간다.

반면 상대방과 화제에 관심이 없는 경우에는 그 사람에게 시선이 잘 집중되지 않기 때문에 자꾸만 시선이 분산된다. 예를 들어, 테이블 위에 놓인 컵에 신경을 쓰거나 상대방의 뒤쪽을 오가는 점원에게 시선을 두기도 한다. 또한 옆 테이블의 사람들에게 시선을 두거나 창문 밖의 풍경을 바라보기도 한다.

이 정도의 정보만으로도 당신과 대화를 나누는 사람이 당신이나 당신의 이야기에 관심을 가지고 있는지, 그렇지 않은지를 짐작할 수 있다. 만약 상대방이 당신이 아닌 다른 것에 시선을 두고 있다면 당신에게 집중하지 못하고 있다는 무언의 메시지를 보내고 있는 것이니 얼른 화제를 바꾸는 것이 좋다. 사람은 입으로는 거짓을 말해도 시선은 거짓말을 할 수 없는 생물이라는 것을 기억해 두기 바란다.

한편, 신경과학계에서는 우리가 무엇을 생각하느냐에 따라 대뇌의 각기 다른 부분들이 활성화되고, 이에 따라 눈이 특정한 방향으로 움직인다는 사실을 이미 오래전에 밝혀냈다.

이런 뇌와 눈의 움직임 간의 연관성을 LEM(Lateral eye movements, 측안 운동)이라고 하는데, 1970년대 말에 심리학과 학생이었던 리처드 밴들러(Richard Bandler)와 언어학자 존 그린더(John Grinder)는 이를 기반으로 EAC(Eye accessing cues) 이론을 수립했다.

이 이론에 따르면, 감각적인 느낌이 사고 과정에 매우 중요한 역할을 하고 있으며, 눈의 움직임을 관찰함에 따라 어떤 감각 기관이 활성화되고 있는지 알 수 있다고 한다. 즉 우리는 상대방의 시선을 통해 그의 사고와 감정이 어디에 있는지 알 수 있다.

아래 그림은 어떤 생각을 하느냐에 따라 변화하는 우리의 시선이다.

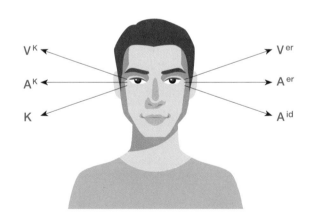

V : 시각적 (그림의 상상) er : 기억하기 (새로운 기억 속에서 되찾아 오기)
A : 청각적 (소리의 상상) k : 새롭게 만들기 (창조하기)
K : 운동감각적 (느낌의 상상, 접촉, 냄새, 맛) id : 내면의 대화

화살표 방향은 당신이 어떤 사람과 마주보고 있다는 가정하에 그려진 것이다. 거울을 보고 실행해 보거나 누군가에게 질문을 던져 보라. 분명 흥미로운 결과를 얻을 수 있을 것이다.

"당신의 첫사랑은 어떻게 생겼나요?"라는 질문을 던지면 대부분의 사람은 눈동자의 위치가 당신이 바라보는 방향에서 오른쪽 위를 볼 가능성이 크다. 인간은 시각적인 것을 떠올릴 때 무의식적으로 시선이 위를 향하게 되어 있고, 특히 지난 기억 속에서 시각적인 그림을 다시 떠올릴 때는 시선이 오른쪽을 향하기 때문이다.

누군가에게 "당신이 좋아하는 가요는 무엇이죠? 그 노래를 떠올려 보세요."라고 주문하면 그의 시선은 당신 쪽에서 볼 때 수평에서 오른쪽으로 움직인다. 그가 청각적으로 기억된 어떤 소리를 떠올렸기 때문이다.

"알파벳 A, B, C, D, E를 거꾸로 말하면 어떻게 들리게 될까요?"라는 질문에는 청각적인 상상을 하게 되기 때문에 시선이 왼쪽을 향할 가능성이 크고, "만약 당신의 사무실에 시계를 놓는다면 어느 위치에 놓아야 할까요?"라는 질문에는 시각적인 상상을 창조하기 때문에 시선이 수평에서 왼쪽 위를 향할 가능성이 크다.

이러한 방향을 잘 외워 두면 어떤 질문을 할 때 거짓의 유무를 알아내거나 질문의 답을 얻는 데 도움이 된다. 단 주의할 것은 가끔 왼손잡이들은 눈의 위치가 반대인 경우가 있다. 이 점을 잘 기억해야 한다. 이 외에도 이 시스템과 일치하지 않는 사람이라면 자신만의 고유한 모델을 가지고 있을 것이다. 하지만 위에 예시된 몇 가지의 간단한 질문으로 그 패턴을 쉽게 파악할 수 있다.

얼굴은 감정의 집합체이다

영화 〈프레스티지(The prestige)〉에서 레베카 홀은 크리스티안 베일이 연기한 마술사와 결혼한 여인으로 등장한다. 영화 속에서 마술사는 그녀에게 때로는 진심으로, 때로는 거짓으로 사랑한다고 말한다. 그러나 그녀는 눈을 들여다보는 것만으로 마술사의 말이 진실인지, 거짓인지 눈치챈다. 이것이 바로 영화 속에서 반복해서 드러나는 주제이다.

상대방의 말에서 진심으로 의미하는 바를 찾지 못할 때, 우리는 그의 눈을 오랫동안 바라본다. 인간은 걸음마를 배우기도 전에 이것부터 배운다. 물론 겉으로 보이는 것은 '눈'이지만 우리는 상대방의 얼굴 전체를 주의 깊게 관찰하며 그의 마음을 읽는다.

얼굴에는 매우 세밀한 표정을 지을 수 있는 근육이 40개 이상 존재한다. 그런데 이 중에서 대부분은 의식적으로 조절할 수 없다. 그로 인해 그러지 않으려고 애를 써도 자기도 모르는 사이에 자신에 대한 정보를 노출하게 되는 것이다.

얼굴 표정과 얼굴에 관련된 조그만 행동들은 자신의 감정과 인간성을 표출시킨다. 영화 〈스타워즈(Star Wars)〉에 나오는 돌격대원들에게 플라스틱 헬멧을 씌운 것은 눈과 얼굴을 가려서 더 비인간적으로 보이게 하기 위함이었다.

이처럼 우리는 얼굴 전체를 통해 늘 자신의 숨겨진 마음과 정보를 노출한다. 반면 섬세한 관찰 없이는 선뜻 다른 사람의 얼굴에 나타나는 정보를 명쾌히 읽어 내지 못한다. 이는 꽤 흥미로우면서도 아이러니한 일이다.

고개를 끄덕이는 행동

고개를 끄덕이는 표현은 'YES'를 의미한다. 이는 전 세계적인 공통어이다. 고개를 끄덕임으로써 상대방의 의견과 행동에 동의한다는 의미를 전달한다. 그런데 한 가지 흥미로운 사실은 많은 여성이 누군가와 대화할 때 고개를 자주 끄덕여 준다는 것이다. 상대방의 의견에 동의하든 동의하지 않든 말이다. 남성들은 반대로 상대방의 의견에 동의할 때만 고개를 끄덕이는 경향이 있다. 남녀의 차이가 있으니 주의해야 한다.

한편, 고개 끄덕이기를 역으로 이용하여 상대방의 마음을 조종할 수도 있다. 마술을 할 때 상대방에게 어떠한 질문을 한 뒤 마술사가 고개를 끄덕이면 상대방에게 'YES'의 의미를 심어 줄 수 있다. 예를 들어, 마술사가 "카드를 더 이상 섞지 않아도 되나요? (고개를 끄덕이며) 아니면 계속 섞을까요?"라고 말한다면 대부분의 관객은 마술사가 고개를 끄덕일 때, 더 이상 카드를 섞지 않아도 된다는 암시에 걸리기 때문에 카드를 섞지 않아도 된다고 대답한다.

고개를 가로젓는 행동

고개를 가로젓는 것은 상대방의 의견에 동의하지 않을 때 하는 부정의 행동이다. 상대방의 의견이 부정적이거나 옳지 않다고 판단할 때 인간은 고개를 가로로 움직인다. 상대방이 자신이 정한 영역을 침범하거나 도를 넘었다고 판단할 때도 머리를 가로젓는다. 마술의 경우, 관객이 너무 놀랐을 때도 감탄사를 내뱉으며 머리를 가로젓는 일이 많다. 이는 자신의 고정관념이 깨졌기 때문에 머리를 가로젓는 것이다.

주의해야 할 것은 상대방에게 자신의 의견을 전달할 때 머리를 가로저으면 안 된다는 것이다. 상대방이 당신의 말을 신뢰하지 않거나 혼란스러워할 가능성이 크다.

고개를 갸우뚱하는 행동

고개를 갸우뚱하는 행동은 많은 의미를 담고 있다. 무언가에 대해 잘 알지 못할 때를 비롯하여 여성이 남성에게 연약함을 나타낼 때 이런 행동을 하곤 한다. 수줍은 감정을 드러내거나 내숭을 떠는 여성을 보면 이런 행동을 하는 것을 볼 수 있다. 이 모두가 수동적인 복종의 행동이다.

마술 공연을 할 때 특정 여성 관객에게 질문을 하면 이런 행동을 하는 경우가 많은데, 이는 잘 모른다기보다 수줍기 때문에 나타나는 자연스러운 현상이다. 이럴 경우 나는 관객이 수동적인 사람이라고 판단하고 좀 더 적극적으로 질문을 하거나 행위를 유도하여 원하는 답을 이끌어 낸다.

턱을 당기는 행동

턱을 당기는 행동은 크게 두 가지 의미로 해석할 수 있다. 상대방을 경멸하거나 역겨워한다는 의미를 내포하는 반면, 여성이 남성에게 어필하기 위해 턱을 당길 때도 있다. 똑같은 행동이지만 서로 상반된 의미를 내포하고 있기 때문에 신중하게 사용해야 하며, 상대방이 이런 행동을 한다면 그의 다른 행동이나 표정 등과 함께 결합하여 해석해야 한다.

턱을 드는 행동

미인대회에 나온 대부분의 여성이 관중들에게 인사를 하며 턱을 살짝 드는 행동을 한다. 이는 자신감과 당당함의 표현이다. 또한 자신의 의견이 옳다고 주장할 때, 잘난 척할 때도 턱을 드는 행동을 한다.

아래턱을 만지는 행동

상대방의 의견에 동의할 때 사람들은 주로 아래턱을 만진다. 상대방의 말에 집중할 때도 마찬가지이다. 여기서 유의할 사항은 턱만 만지는 경우에 이와 같은 해석이 가능하다는 것이다.

다른 행동이 추가된다면 해석은 달라질 수 있다. 예컨대 팔짱을 끼면서 아래턱을 만지는 경우에는 부정적인 생각이나 상대방의 의견에 거부하는 마음을 가지고 있다고 해석할 수 있다. 또한 아래턱을 만지다가 턱을 괴는 것은 상대방의 이야기가 지루하거나 몸이 피곤한 경우에 종종 하는 행동이다.

입술을 말아 넣는 행동

입술을 꼭 다물고 안으로 말아 넣는 것은 감정을 억누르는 행동이다. 마술사들이 트릭을 행하기 전에 가끔 이런 행동을 하곤 한다. 입술을 자주 말아 넣는 행동을 하면 관객은 그를 아마추어 마술사라고 판단하기 쉽다. 비즈니스 현장에서 누군가와 협상을 할 때도 이런 행동은 자제해야 한다. 상대방이 당신이 긴장하고 있다는 것을 눈치채면 협상의 주도권을 뺏길 가능성이 크다.

입술을 깨무는 행동

여성이 자신의 긴 머리카락을 만지거나 아랫입술을 깨무는 것은 상대방에게 호감이 있으며, 그를 유혹하고 싶다는 의미로 해석할 수 있다. 이때 윗입술을 깨무는 것은 불안감의 표시이고 빨리 이 자리를 벗어나고 싶다는 뜻이니 신중히 사용하고 해석되어야 한다.

입술을 다무는 행동

많은 사람이 화가 났을 때, 자신에게 불리한 상황에 놓였을 때 입술을 굳게 다문다. 특히 여성이 입술을 굳게 다물었을 때는 상황이 좋지 않으니 남성은 대화의 주제를 다른 것으로 돌리는 것이 좋다.

혀로 입술을 핥는 행동

거짓말을 할 때 혀로 입술을 핥는 사람이 매우 많다. 거짓말을 한다는 심리적 긴장감으로 인해 침 분비가 줄어들기 때문에 이 같은 행동을 하는 것이다. 상대방에게 질문을 던지고 입술을 핥는다면 대부분 거짓말을 하고 있거나 옳지 않는 행동을 하기 전일 가능성이 높으니 주의하기 바란다.

혀를 내미는 행동

혀를 내미는 것은 불안감이나 거부감 등의 감정이 들 때 많이 나타나는 신호이다. 극도의 부정적인 표현 중의 하나로, 동양인보다 서양인이 노골적으로 이런 행동을 하는 경우가 많다.

입을 벌리는 행동

입을 벌리는 것은 감탄했을 때, 놀랐을 때 주로 나타나는 행동이다. 아름다운 여성을 보거나 멋진 남성을 볼 때 우리는 자신도 모르게 입을 벌리곤 한다. 멋진 풍경을 볼 때도 마찬가지이다. 눈의 동공처럼 입 또한 감정 상태에 따라 저절로 벌어지게 되어 있다. 상대방의 이야기에 호기심을 갖거나 호감을 갖게 된 경우에도 무의식적으로 입을 벌리니 상대방의 반응을 살필 때 참고하기 바란다.

앞으로 고개를 숙이는 행동　강아지가 꼬리를 내리거나 엎드리는 것과 같은 느낌이라고 생각하면 된다. 이는 복종의 의미이며, 상대방의 제안을 받아들이겠다는 신호이다.

시선을 아래로 내리는 행동　고개를 숙이는 것과 비슷한 행동이다. 대화를 하다가 상대방의 시선이 아래쪽을 응시한다면 자신감이 결여된 상태로 보면 된다. 즉 상대방은 당신의 의견에 이견이 없으며, 나아가 당신에게 굴복함을 의미한다.

실눈을 뜨고 보는 행동　영화나 드라마를 보다가 무서운 장면, 끔찍한 장면을 보게 되면 무의식적으로 실눈을 뜨고 보는 경우가 많다. 이는 뇌가 무서운 장면이나 역겨운 장면을 자동으로 차단하기 위해 하는 반사적인 행동이다. 현실에서도 교통사고나 범죄 현장 등 차마 두 눈을 크게 뜨고 볼 수 없는 장면을 목격하게 되면 대부분의 사람이 실눈을 뜬다.

코를 만지는 행동　　　'피노키오 효과'라는 말을 들어본 적이 있을 것이다. 사람들은 흔히 혈압이 상승하거나 스트레스를 받는 상황에 놓이면 무의식적으로 코를 만진다. 그래서 거짓말을 하는 징후로 코를 만지는 것을 많이 떠올린다. 이는 사실이기도 하지만 반드시 그런 것만은 아니다.

　신체 언어를 비롯하여 멘탈리즘에 사용되는 트릭들이 모든 사람에게 절대적이고 보편적으로 적용되는 것은 아니다. 다수의 사람에게 적용되지만 분명 예외인 경우도 있다. 즉 거짓말을 할 때 무의식적으로 코를 만지는 것은 모든 사람에게 적용되는 절대적인 행동은 아니다.

　여성의 경우 심리적으로 위축되어 있거나 누군가에게 위로받고 싶다는 생각이 들 때 무의식적으로 코를 만지곤 한다. 또한 아마추어 마술사들의 경우 트릭을 쓰기 전에 코를 만지는 경우가 있다. 이는 곧 긴장감과 거짓 행동을 해야 한다는 것에 대해 심리적 부담감을 느끼고 있다는 표현이다.

동공의 크기가 변하는 행동　　　동공은 빛에 반응하는 기관이다. 동공은 조리개 역할을 하기 때문에 주위가 밝아지면 동공이 작아지고 어두워지면 동공은 커지게 마련이다. 그런데 빛이 일정하게 유지되는 경우에도 동공의 크기는 변화가 가능하다. 자신이 관심 있어 하는 것을 보거나 매우 기분이 좋을 때 동공의 크기가 확대된다.

　나는 마술 공연에 참여할 관객을 선정할 때 동공의 크기를 유심히 살핀다. 동공의 크기가 최대한 커진 사람들은 마음을 열어 나와 나의 공연에 호응도 잘해줄 가능성이 크기 때문이다. 이와 반대로 무언가를 거부하거나 나쁜 생각을 할 때 무의식적으로 동공의 크기가 작아진다.

눈은 내면을 드러내는 제1의 문이다. 눈으로 상대방을 간파할 수도 있고, 나의 생각이 읽힐 수도 있다. 기분이나 심리 상태에 따라서도 동공의 크기가 변하기 때문에 자신의 기분을 들키기 싫은 경우 사람들은 흔히 선글라스를 쓴다. 대부분의 겜블러가 선글라스를 쓰는 이유도 이 때문이다.

한편, 인간은 동공이 큰 사람들에게 더 많은 호감을 느낀다. 동공의 크기가 커 보이는 여성에게 남성들이 끌리는 이유도 이 때문이다. 평소에 좋은 생각, 밝은 생각을 많이 해서 동공의 크기를 확대시키는 훈련을 한다면 상대방의 호감을 얻을 수 있다.

얼굴을 만지며 손가락으로 두드리는 행동 얼굴을 만지면서 손가락으로 두드리는 것은 뭔가 마음에 들지 않거나 상대를 평가할 때 나타나는 행동이다. 주로 심사위원들이 심사를 하는 과정에서 이런 행동을 많이 한다. 비판적일 때도 이와 같이 행동을 하곤 한다.

웃는 얼굴에도 종류가 있다

대부분의 사람은 기분이 좋거나 즐겁거나 행복감을 느낄 때 미소를 짓는다. 그런데 필요에 따라서는 기분이 좋지 않아도, 즐겁거나 행복하지 않아도 미소를 지어야 할 때가 있다. 이성 친구와 다투어 기분이 좋지 않은 상태이지만 중요한 미팅이 있을 때, 상사의 거친 행동에 화가 나지만 눈 밖에 나지 않아야 할 때 미소를 보여 주어야 한다.

이처럼 사람들은 사회 훈련 차원에서 미소를 연습하고 거짓 미소를 보이기도 한다. 유쾌한 자리가 아닐지라도, 싫은 사람과 일을 해야 할지라도 자신의 감정을 숨기기 위해 억지로 미소를 짓는다. 사람과 사람의 커뮤니케이션에 있어서 웃는 얼굴, 즉 미소는 상대방을 안심시키는 강한 효력을 가지고 있다. 그런 이유로 많은 사람이 감정과 별개로 얼굴에 미소를 띤다.

하지만 상대방을 배려한 거짓 미소가 아닌, 속이기 위한 거짓 미소라면 반드시 이를 감지하고 경계해야 한다. 예컨대 당신을 싫어하지만 자신의 이익을 위해 거짓 미소를 보이는 사람이 있다면 그와의 비즈니스에 더욱 신중을 기해야 한다.

진짜 미소와 가짜 미소를 구분하기 위해서는 그 특징을 익혀 둘 필요가 있다. 우선 진짜 미소는 가짜 미소보다 더 오래 지속되고, 진심 어린 미소 혹은 솔직한 미소는 입과 눈이 함께 웃는다. 또한 진짜 미소를 지을 때는 눈썹이 가볍게 아래로 처지고 미소가 얼굴의 양쪽에 골고루 퍼지는 반면, 거짓 미소에서는 눈썹 한쪽이 다른 쪽보다 더 많이 일그러진다.

웃음 역시 미소와 크게 다르지 않다. 거짓 미소가 있듯이 거짓 웃음도 있다. 웃음은 크게 세 가지로 나눌 수 있다. 진실의 웃음, 만들어 낸 웃음, 경멸의 웃음이 바로 그것이다. 그것을 꿰뚫어 보는 방법은 비교적 간단하기 때문에 조금만 훈련한다면 누구라도 판별할 수 있다.

진실의 웃음

· 뺨의 근육이 눈꼬리 근처까지 올라가 자연스럽게 입술의 끝과 눈꼬리가 가까워진다.

· 눈의 옆에 있는 안륜근이 움직이고, 눈꼬리에 주름이 잡힌다.

· 양쪽 어깨를 흔들며 웃는 등 몸 전체로 표현되고, 표정은 좌우 대칭이 된다.

만들어 낸 웃음

· 뺨의 근육이 다소 움직이지만, 눈꼬리까지는 올라가지 않고 입꼬리도 올라가지 않는다.

· 눈꼬리에 주름이 잡히지 않고, 입만이 웃는 얼굴을 만들고 있다.

· 움직임도 목부터 위만 움직이고, 몸 전체는 그다지 움직이지 않는다.

· 일하는 장소 등에서 의례적으로 떠오르는 웃는 얼굴의 대다수가 여기에 해당한다.

경멸의 웃음

· 표정 근육의 절반이 움직이기 쉬워지기 때문에 한쪽 입꼬리만이 올라가는 등 표정이 좌우 비대칭이 되기 쉽다.

· 동시에 몸도 좌우 비대칭으로 움직이기 쉽다.

· 한쪽 어깨만 올라가거나 다리를 꼬거나 오른쪽 눈썹만 올라가는 것도 같은 작용이다.

그렇다면 웃음은 종류에 따라 그 특징이 분명하니 훈련을 통해 거짓 웃음을 진실의 웃음으로 보이게 할 수 있지 않을까? 만약 그럴 수 있다면 상대방의 거짓 웃음을 판별해 내는 것은 쉬운 일이 아닐 것이다. 하지만 다행히도 진실의 웃음을 무리하게 만드는 것은 거의 불가능하다. 눈 옆에 있는 근육은 자신의 의지로 움직인다거나 올리기가 아주 어렵기 때문이다.

그래서 나는 공연을 할 때 관객의 표정 근육과 눈꼬리를 중점적으로 체크한다. 진실의 웃음을 보이는 사람이 많으면 당연히 절로 안심이 된다. 관객들이 현재의 공연에 만족한다는 의미이기 때문에 자신감을 가지고 다음 단계로 넘어갈 수 있다. 이처럼 상대방의 웃는 얼굴을 체크하는 것은 자기 자신의 멘탈 컨트롤에도 큰 도움이 된다.

진실의 웃음과 거짓의 웃음이 있다고 하지만 언제나 '진실의 웃음'만 있을 수는 없다. 예를 들어 비즈니스 자리에서는 언제나 양쪽 어깨를 흔들면서 환하게 웃을 수는 없는 일이다. 그래서 '만들어 낸 웃음'도 회사에서 혹은 비즈니스 현장에서 서로의 관계를 원만하게 하기 위해서는 빼놓을 수 없는 웃음이다.

우리가 경계하고 조심해야 하는 웃음은 바로 '경멸의 웃음'이다. 상대방의 얼굴에서 '경멸의 웃음'이 보였다가 사라진다면 반드시 주의가 필요하다. 입으로는 좋은 말만 하더라도 표정이 좌우 비대칭이라면 그의 속마음을 미루어 짐작하며 이야기를 듣는 것이 좋다. 연인과 친구 관계에서는 물론 전자제품과 옷을 살 때 얼핏얼핏 보이는 점원의 '경멸의 웃음'도 경계하며 주의를 기울일 필요가 있다.

이처럼 웃는 얼굴 하나에도 여러 의미가 담겨 있듯이, 작은 표정의 변화나 몸의 자세 등에도 각각의 의미가 내포되어 있다. 그래서 뛰어난 멘탈리스트가 되기 위해서는 무엇보다 관찰 능력이 뛰어나야 한다. 관찰 능력을 증가시키기 위해서는 앞서 거론한 다양한 관찰법을 반복적으로 훈련하는 것이 중요하다.

상대방과 똑같은 미소, 시선, 자세 등을 취하면서 상대방이 어떤 생각으로 이렇게 하는가에 대해 연구해 보아야 한다. 이 세상에 단시간에 이루어지는 것은 아무것도 없다. 오랜 시간 동안 상대방을 잘 관찰하다 보면 그의 생각이 훤히 들여다보이는 마법 같은 순간이 올 것이다.

CHAPTER

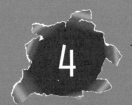

4

거짓의 신호를
놓치지 말라

"겉으로 보이는 그대로인 사람은 매우 드물다."

_아가사 크리스티

이 세상에서 가장 강력한 멘탈리스트는 누구일까? 짐작컨대 여성들이 아닐까 싶다. 여성은 남편 혹은 남자 친구의 작은 행동만으로 그가 거짓말을 하고 있다는 것을 바로 알아차리곤 한다. 이는 여성들이 선천적으로 훌륭한 직관력을 타고났다기보다 후천적인 노력과 훈련을 통해 얻은 결과라고 할 수 있다. 여성들은 사랑하는 사람에 대한 집중력이 뛰어나고 관찰력 또한 섬세하다. 이것이 곧 후천적인 노력과 훈련으로 작용하여 자신도 모르게 멘탈리즘의 효과를 보게 되는 것이다.

예를 들어 남자 친구가 다른 여자와 바람을 피우는 경우, 남자는 그 시간의 알리바이를 위해 여자 친구에게 거짓말을 한다. 남자는 평소와 다르게 말을 천천히 하거나 시선을 똑바로 마주치지 못한다. 여자 친구는 멘탈리즘에 대한 정보를 접하거나 책을 본 적은 없지만 평소와 다른 남자 친구의 행동을 통해 그가 거짓말을 하고 있다는 것을 금세 눈치챈다.

여성이 이러한 능력을 가진 것은 뇌 구조 덕분이라는 흥미로운 연구 결과가 있다. 여성은 근본적으로 남성과 다른 뇌 구조를 가졌다. 여성은 남성보다 좌뇌와 우뇌를 연결하는 뇌량 부분이 더 두터운데, 덕분에 여성의 뇌는 양쪽 뇌가 원활하게 소통하며 여러 가지 일을 동시에 수행할 수 있다. 또한 감정과 관련된 정보가 우뇌에 전달되어야만 비로소 그것을 알아차리는 남성과 달리 여성은 어느 쪽 뇌에 전달되든 감정 관련 정보를 잘 인지한다.

뿐만 아니다. '좌뇌의 남성, 우뇌의 여성'이라는 문구가 알려 주듯, 감정에 반응하고 표현하는 능력도 여성이 월등하다. 연구자들은 실험을 통해 여성은 상대방의 감각을 자신의 것처럼 느끼는 감정이입능력이 탁월하다는 것을 밝혀냈다. 즉 여성에게는 상대의 표정과 언어의 미묘한 불일치나 떨림을 귀신같이 알아채는 놀라운 능력이 있다는 것이다.

우리는 여성들의 이러한 능력을 흔히 '여자의 육감'이라고 말하는데, 그 능력의 바탕에는 이러한 멘탈리즘이 깔려 있었던 것이다. 그런데 안타깝게도 여성들이 모든 인간관계에서 최고의 멘탈리스트인 것은 아니다. 여성들은 사회적 관계에서의 거짓말, 예컨대 누군가 자신에게 사기를 치려고 할 때 그것을 감지하는 능력이 남성들보다 떨어진다.

도대체 왜 그런 것일까? 심리학자 벨라 드폴로(Bella Depaulo) 연구팀이 그 이유를 밝혀냈다. 여성들은 상대방이 숨기고 있는 사실보다 상대방이 말하고자 하는 대화 내용을 더 진지하게 받아들이는 경향이 있다. 그래서 여성들은 상대방의 인위적인 표정에 비교적 잘 속아 넘어가는 것이다.

그에 대한 가장 큰 원인은 여성들은 남성들에 비해 남을 의심하는 경우가 현저하게 적기 때문이다. 따라서 여성들은 뛰어난 관찰력으로 얻을 수 있는 수많은 장점을 지니고 있으면서도 오히려 손해를 볼 때가 많은 것이다. 그러나 앞서 말했듯이 예외가 있다. 신기하게도 여성들은 가까운 사람, 특히 배우자나 애인 등의 거짓말은 정말 전문가 뺨치게 잘 알아낸다.

　여성이 남편이나 애인 등 자신이 애정을 쏟는 사람에 대해 최고의 멘탈리스트가 되는 것은 단연 상대방에 대한 깊은 관심 때문이다. 이를 재해석하면 누구든지 상대방에게 깊은 관심을 가지면 최고의 멘탈리스트가 될 수 있다는 것이다. 또한 여성이 사회적 관계에서 거짓말을 감지하는 능력이 떨어지는 것 역시 상대방에 대한 관찰의 깊이를 증가시키면 피해를 충분히 예방할 수 있다.

　상대방의 마음을 읽고 그의 행동을 당신이 원하는 방향으로 컨트롤하는 것보다 더 중요한 것은 상대방에 의해 당신이 컨트롤당하는 것을 막는 것이다. 그런 의미에서 본다면 멘탈리즘에서 상대방의 거짓과 진실을 구분해 서로의 상처와 피해를 막는 것은 아주 중요한 가치이자 목적이다.

거짓을 감지하면 사건·사고를 피할 수 있다

멘탈리즘에서 가장 중요한 것은 거짓말을 읽어 내는 연습이다. 관객이 뽑은 카드를 여러 가지 단서를 통해 알아내야 할 때 가장 중요한 것은 거짓말 탐지능력이다. 관객이 거짓이든 진실이든 이렇다 할 대답을 하지 않아도 뛰어난 관찰력만 있다면 답을 쉽게 알아낼 수 있다.

예를 들어 "혹시 그 카드가 빨간색인가요? 대답하지 않으셔도 됩니다."라고 했을 때 관객이 순간 긍정적인 반응을 보이면 카드의 색깔은 빨간색이 분명하다. 신호를 감추려고 한다면, "거짓말로 이야기하셔도 됩니다. 그 카드는 빨간색인가요? 예, 아니오로 대답하시면 됩니다."라고 말하면 좀 더 명확하게 알 수 있다. 관객은 입으로는 "아니오."라며 거짓을 말하지만 몸은 긍정의 신호를 보내고 있으니 말이다. 입은 거짓말을 해도 몸은 그렇지 않다.

사실 거짓말은 악인이나 사기꾼, 연기력이 뛰어난 사람과 같이 특정한 사람만 하는 것이 아니다. 지금 당신 주위에 있는 모든 사람이 거짓말을 한다. 단지 어떤 목적으로 거짓말을 하는지, 얼마나 자주 하는지만 조금씩 다를 뿐이다.

사람들은 주로 자신이 원하는 것을 얻기 위해 거짓말을 한다. 그것이 거짓말의 가장 큰 목적이다. 또한 거짓말은 아이일 때부터 하기 시작한다. 아이는 엄마에게 혼나지 않기 위해, 원하는 것을 얻기 위해 때때로 거짓말을 시도한다. 다행히도 커 가면서 대부분의 사람은 진실을 말하도록 훈련을 받고, 양심을 키우는 방향으로 성장한다. 게다가 이기적인, 반사회적인 거짓말을 할 경우 죄책감에 시달리거나 벌을 받게 되면서 사람들은 거짓말을 줄여 나간다.

심리학자 벨라 드폴로(Bella Depaulo)의 연구팀은 사람들이 얼마나 자주 거짓말을 하는지에 대한 재미있는 실험을 했다. 연구팀은 77명의 대학생과 70명의 마을 사람, 총 147명을 대상으로 자신이 한 거짓말을 매일 일기에 적도록 했다. 일주일 동안 진행된 이 실험에서 대부분의 사람은 매일 한두 번 정도의 거짓말을 하는 것으로 나타났다. 하지만 심리학자들은 실험 대상자들이 미처 의식하지 않은, 무의식적으로 한 거짓말까지 포함하면 그 횟수는 훨씬 더 늘어날 것이라고 예상했다.

이 외에도 거짓말에 대한 조사와 통계자료는 매우 많다. 미국인들을 대상으로 실시한 조사에 의하면 그들은 일주일에 평균 13번의 거짓말을 한다고 한다. 영국인 2,531명을 대상으로 실시한 또 다른 조사에서는 남성의 52%가 하루 평균 3회, 14%가 하루 평균 5회의 거짓말을 하고, 여성의 경우는 57%가 하루 평균 1회, 17%가 하루 평균 3회의 거짓말을 하는 것으로 나타났다.

국적, 성별, 나이를 불문하고 인간은 의식했든 의식하지 않았든, 나쁜 의도를 가졌든 그렇지 않든 누군가를 속이는 것이 일상적인 일이 되었다. 선의의 거짓말, 웃으며 넘길 수 있는 가벼운 거짓말 등은 별 문제가 되지 않겠지만 상대방에게 상처를 주거나 피해를 입히는 거짓말은 반드시 경계해야 한다.

'말 한마디로 천 냥 빚을 갚는다.'라고도 하지만 말 한마디에 천 냥을 날릴 수도 있는 것이 바로 거짓말이다. 따라서 비즈니스나 연애 등에서 피해를 입지 않기 위해서는 무엇보다 상대방이 나에게 거짓말을 하고 있는 것은 아닌지 정확하게 인지하는 것이 중요하다.

사실 거짓말을 경계해야 한다고는 하지만 상대방이 지금 나에게 하는 말이 거짓인지 사실인지를 판단하는 것은 결코 쉬운 일이 아니다. 이때는 상대방이 하는 말보다 몸짓 언어에서 보여지는 거짓의 신호들을 관찰하고 파악하는 것이 큰 도움이 된다.

다양한 심리학 책을 보면 대부분 거짓말을 잡아내기 위한 방법으로 보디랭귀지에 대해서만 다루지만 사실 보디랭귀지만으로 거짓말을 잡아내는 것은 불가능하다. 대화 도중에 코를 만진다거나 목을 긁으면 상대방이 거짓말을 하고 있을 가능성이 크다고 판단하기 쉽지만, 사실 그런 행동들은 상대방의 습관일 수도 있다. 또한 의학적인 증상에 의해서 목이나 코가 불편하여 그런 행동을 할 수도 있다. 따라서 거짓의 징후로 드러나는 몸짓만으로 상대방이 거짓말을 하고 있다고 선불리 판단해서는 안 된다.

상대방의 거짓말을 알아내는 가장 좋은 방법은 많은 요소를 결합하여 판단을 내리는 것이다. 즉 얼굴 표정, 제스처, 보디랭귀지, 목소리, 언어적 스타일, 언어적 진술과 같은 다양한 요소를 결합하여 판단해야 한다. 이를 위해 우리는 평소에 이러한 요소들을 중심으로 상대방을 관찰하고 거짓말을 탐지하는 훈련을 해야 한다.

거짓말을 잡아내고 알아내는 것은 멘탈리즘 쇼에서만 유용한 것이 아니다. 우리가 거짓말을 좀 더 빨리 알아낼 수 있다면 상대방이 나에게 사기를 치는 것을 막을 수 있고, 이성 친구 혹은 배우자가 바람을 피우는 것을 초기에 막을 수도 있다.

거짓을 폭로하는 양심의 신호들

완벽하게 거짓말을 하는 것은 매우 어렵다. 거짓말을 하려면 내용의 앞뒤가 맞아야 하고, 시간이 지난 후에 다시 말해도 내용이 바뀌지 않고 정확해야 한다. 그리고 정말 사실에 가까운 것처럼 이야기해야 하며, 증거 혹은 알리바이가 있어야 한다. 뿐만 아니다. 상대방의 반응을 살펴가면서 또 하나의 거짓말을 덧붙여야 한다.

이처럼 쉬운 듯하면서도 어려운 것이 거짓말이다 보니 우리의 몸은 거짓을 알리는 신호들을 곳곳에서 분출하게 된다. 예컨대 거짓말을 하면 식은땀이 나면서 심장 박동수가 빨라지고, 말을 더듬으며 상대방과 눈을 잘 맞추지 못하는 등 평소와 다른 행동들을 하게 된다.

상대방이 거짓말을 하고 있는지 알아낼 수 있는 가장 좋은 방법은 직접 거짓말을 해 보는 것이다. 거짓말을 지어 낸 뒤 상대방과 실제로 대면하고 있는 것처럼 거울을 보고 이야기를 시작한다. 이때 거울 속 자신의 표정을 유심히 관찰하면서 평소와 다른 모습을 체크한다면 좋은 훈련이 될 수 있다.

영국 최고의 멘탈리스트 대런 브라운(Derren Brown)의 다큐멘터리에는 아주 흥미로운 장면이 있다. 그는 관객들의 얼굴 표정만 따로 녹화해 영상을 정리해 두었다. 특히 내 관심을 끌었던 것은 눈, 입술 등 얼굴의 각 부분을 따로 촬영했다는 것이다. 나는 그 영상을 여러 번 반복해서 돌려 보고 분석하면서 인간의 행동 패턴들을 오랜 시간 연구했다.

앞서 말했듯 거짓말을 판단할 때 주의해야 할 점은 한 요소만으로 상대방이 거짓말을 하고 있다고 판단할 수 없다는 점이다. 여러 가지 요소를 결합하여 분석하는 훈련이 매우 중요하다. 아래는 거짓말을 판별할 수 있는 대표적인 징후들을 분류해 놓은 것이다.

 '보디랭귀지'로 알아보는 거짓말의 신호

'YES'를 뜻하는 행동	· 손바닥을 펼쳐 보인다. · 앞쪽으로 몸을 기울인다. · 미소를 짓는다. · 몸의 방향이 상대방 쪽을 향하게 한다. · 계속해서 시선을 마주친다. · 고개를 끄덕인다.
'NO'를 뜻하는 행동	· 팔짱을 낀다. · 손가락으로 무언가를 두드린다. · 손으로 턱을 괸다. · 발과 몸이 다른 방향을 향하게 한다. · 무릎 위에 손을 얹어 놓는다. · 손을 입 쪽으로 가져간다. · 심하게 안절부절못하는 모습을 보인다. · 눈동자를 불안정하게 계속 움직인다. · 얼굴을 찡그린다. · 곁눈질을 한다.
결정을 내리지 못했을 때 하는 행동	· 안경 끝을 자꾸 만진다. · 안경을 닦는다. · 머리를 긁적인다. · 손가락으로 턱을 톡톡 친다.

2 ▶ '언어적 진술'로 알아보는 거짓말의 신호

세 문장 안에 'NO'가 나오지 않을 때
지갑에서 돈이 사라진 것을 본 아버지가 아들을 의심하며 추궁하고 있다.

> 아버지 : 네가 내 지갑에서 돈을 꺼내 갔니?
> 아들 : 네? 제가 진짜 아버지 돈을 가져갔다고 생각하고 물으시는 거예요? 진짜 그렇게 생각하세요? 저를 어떻게 보시는 거예요? 정말 서운해요. 전 절대 아니에요.

아버지와 아들의 대화를 통해 당신은 어떤 결론을 얻었는가. 아버지가 의심한대로 정말 아들이 아버지의 돈을 가져간 것일까? 위의 대화를 통해 판단한다면, 아들이 범인일 가능성이 매우 높다. 만약 아들이 범인이 아니라면, 아버지가 추궁을 했을 때 구질구질하게 다른 말을 늘어놓기보다 "아니요. 안 가져갔는데요."와 같이 명확한 메시지를 먼저 전할 것이다. 멘탈리즘에서는 세 문장 안에 '아니오.'가 나오지 않는다면 거짓말일 확률이 높다고 본다.

시간의 순서가 맞지 않을 때
평소에 말이 많은 사람은 거짓말을 할 때도 표가 나게 마련이다. 특히 거짓으로 하는 이야기를 장황하게 늘어놓는다면 그것이 거짓말임을 들킬 확률이 더

욱 높아진다. 거짓말을 하는 사람들은 이야기가 길어지면 일의 순서를 헷갈리는 경우가 많다. 그로 인해 과거형, 미래형, 현재형의 시제들이 뒤죽박죽 섞인다. 그래서 순서를 바꿔서 물어보면 갑자기 말을 더듬거리는 등의 실수를 할 확률이 높다.

부정확한 공간을 이야기할 때
한 커플이 커피숍에서 대화를 나누고 있다.

> 졸리 : 오빠, 어제 뭐 했어?
> 피트 : 어? 고등학교 동창 녀석이 갑자기 우리 동네에 왔다고 얼굴이나 보자고 해서 만났어. 오랜만에 만났는데 너무 잘생겨진 거 있지? 그 녀석, 얼굴에 손 좀 댄 것 같아. 하하! 그리고 빨간색 오토바이를 타고 왔는데, 진짜 멋있더라. 강렬함이 확 느껴지더라고.
> 졸리 : 그래? 어디서 만났어?
> 피트 : 어, 우리 동네 서점 알지? 거기 4층에 있는 커피숍에서 만났어. 그곳 커피는 여전히 맛이 없더라. 작년에 너랑 같이 가고 올해 처음 간 것 같아.
> 졸리 : 그 커피숍은 몇 달 전에 문 닫았는데?

위처럼 말이 길어지고 자신의 논리나 알리바이를 대기 위해 쓸데없는 말을 하다 보면 부정확한 공간을 이야기하는 등 실제와 맞지 않는 말을 하게 된다.

언어로 거짓을 판단하는 것은 행동으로 판단하는 것보다 어렵다. 지역적 특색이 있을 수도 있고, 그 사람 고유의 언어 습관이 있을 수도 있기 때문이다. 그러나 반복적인 훈련을 한다면 오히려 대화 속에서 상대방의 거짓말을 알아채는 것이 행동을 보고 아는 것보다 쉬울 수도 있다. 앞서 거론한 예를 통해 '언어적 진술'로 알아보는 거짓말의 신호들을 훈련해 보자.

③ '언어적 스타일'로 알아보는 거짓말의 신호

모호한 표현을 사용할 때

상대방이 말을 할 때 '말하자면', '일종의' 등의 모호한 표현을 덧붙인다면 거짓말일 가능성이 크다. 본인이 석연치 않는 부분이 있기 때문에 다시 한 번 설명하면서 강조하려고 하는 것이다.

너무 많이 멈칫하거나 너무 멈칫거리지 않을 때

말을 하다가 중간중간 멈칫하는 일이 잦다면 거짓말을 하고 있을 가능성이 있다. 그것은 상대방이 거짓말을 연속적으로 이야기하기 위해 시간의 순서를 마음속으로 정리하거나 사실관계를 확인하기 때문이다.

이와 반대로 말이 청산유수처럼 이어지는 것도 거짓말을 하고 있음을 의심해 볼 필요가 있다. 결점을 보이지 않기 위해 대본을 짠 것처럼 여러 번 연습했을 가능성이 크다. 사람은 말을 할 때 이야기 속의 시간과 공간을 확인하기 위해

잠깐 멈추곤 한다. 이런 멈춤의 과정이 전혀 없이 입에서 술술 튀어나오는 말은 의심을 해 볼 필요가 있다.

대화 중간에 말의 속도가 바뀔 때

말을 하는 도중에 자신이 거짓말을 하고 있다고 스스로 인지한다면 거짓을 들킬 염려 때문에 불안감이 커져 말의 속도나 톤이 순간순간 바뀐다.

이밖에도 다음과 같은 현상을 통해 거짓말의 여부를 확인할 수 있다.

고음	거짓말을 할 때에는 사람의 음성이 갑자기 높아진다.
문장의 끝	거짓말을 하는 사람들은 의문형으로 말을 끝내는 경우가 많다.
의미 없는 말	사람이 불안할 때는 성대가 긴장되고 가늘어져 '어', '음'과 같은 의미 없는 말과 헛기침 등을 자주 한다.
짧아진 대답	거짓말을 하고 있는 경우에는 빨리 그 상황에서 벗어나고 싶은 마음 때문에 대답도 짧게 하는 경향이 강하다.
잦은 말실수	갑자기 시제를 바꾸거나 본인의 일임에도 불구하고 3인칭으로 말하곤 한다.

진실? 거짓? CHECK POINT

그의 말이 진실일까? 거짓일까? 다음의 체크 포인트를 통해 거짓말을 할 때 가장 핵심적인 행동 및 징후를 점검해 보자.

 아이 콘택트

'거짓말을 하고 있을 때는 눈이 흔들린다.', '상대방의 눈을 똑바로 볼 수 없다.'라는 말이 있다. 과연 사실일까? 사실일 수도 있고, 아닐 수도 있다. 종종 자신의 거짓말이 들통나지 않도록 일부러 상대방의 눈을 똑바로 보고, 아이 콘택트(eye contact)의 시간을 평상시보다 길게 하는 사람이 있다.

특히 여성은 그런 경향이 더 강하기 때문에 그 여성의 평상시 아이 콘택트 시간을 알아 둔다면 거짓말을 알아차리기 조금 더 쉽다. 즉 평상시보다 더 오랫동안 당신과 눈을 맞추고 있다면 그녀가 거짓말을 하고 있을 가능성이 높다.

한편, 남성의 경우는 여성과 비교하면 배포가 작아서 거짓말을 할 경우 상대방의 눈을 슬금슬금 피하는 경향이 강하다. 즉 눈을 맞추기는 하지만 시선이 한순간 아래로 떨어진다거나 슬쩍 다른 곳을 보다가 급히 돌리는 사람이 많다.

거짓말을 하는 동안 마음이 평온한 사람은 없을 것이다. 그 불편한 마음은 곧 평소와 다른 행동으로 표출된다. 그래서 그 사람의 평상시 행동을 알아 둘 필요가 있다.

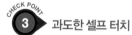
2 ▶ 팔짱 끼기와 다리 꼬기

팔이나 다리를 꼬는 것은 거절과 방어의 의미를 가진 대표적인 행동이다. 특히 팔을 꼬는 동작은 '당신을 경계하고 있다.'라는 감각이 만들어 내는 자기방어 반응이다.

거짓말을 하는 사람은 대부분 팔의 움직임으로부터 자신의 진심이 밝혀지는 것은 아닐까 두려운 마음에 호주머니에 손을 넣거나 팔짱을 끼는 등의 행동으로 손과 팔의 움직임을 막으려고 한다. 상대방이 무의식적으로 이와 같은 자세를 취한다면 무언가를 감추거나 방어하기 위한 본능적인 행동으로 해석해도 무방하다.

3 ▶ 과도한 셀프 터치

대화 도중에 갑자기 셀프 터치가 많아진다면 거짓말을 하고 있는 것이 아닌지 의심해 볼 필요가 있다. 거짓말을 하는 사람들은 시선을 다른 곳으로 옮기기 위해, 불안한 마음을 감추기 위해 눈을 비비거나 코를 만지거나 뺨을 만지는 등의 행동을 한다.

또한 입의 움직임이 보이지 않도록 하기 위해 입이나 코를 만지기도 한다. 물론 평소 마음이 평온할 때도 얼굴을 만지는 사람이 많지만, 다만 그 경우는 얼굴 여기저기를 만지지 않고 입가에 손을 댄 채 움직이지 않는 등 정적인 자세를 유지한다.

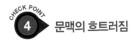 **문맥의 흐트러짐**

거짓말을 하면 마음의 동요가 말의 문맥을 흐트러뜨리곤 한다. 'YES'나 'NO'로 간단하게 대답할 수 있는 질문인데도 대답하지 못하고, 당신이 한 질문에 다시 질문으로 대답하는 등 평소와 다른 반응을 보인다.

 **언행의 불일치**

입으로는 긍정적인 대답을 하면서 목을 좌우로 흔드는 등의 부정적인 행동을 한다면 거짓말을 하고 있을 가능성이 크다. 또 "내가 바람 같은 것을 피울 리가 없잖아!"라고 당당하게 말하면서 허리를 뒤로 빼는 등 자신 없는 태도를 보인다면 이 역시 거짓말이라고 의심할 수 있다.

거짓말을 할 때는 말과 행동이 일치하지 않는 경우가 많다. 거짓말을 하고 있다는 죄책감 때문에 자신 있게 행동할 수 없는 것이다.

 안도의 순간

거짓말이 들키지 않았다는 판단이 들면 순간 안심을 하게 마련이다. 이때 순간적인 안도의 표정을 놓치지 않는 것도 거짓말을 잡아내는 포인트이다. 약간의 퍼포먼스가 가미된다면 더욱 큰 효과를 얻을 수 있다. 순간적으로 상대방의 어깨를 잡고 끌어당긴다거나 눈을 가까이 들여다보며 침묵하는 등 상대방을 심리적으로 압박하다가 일순간 긴장을 풀어 주는 것이다. 이때 상대방의 표정을 잘 읽어야 한다.

예를 들어 "거짓말이지?"라고 추궁할 때 상대방이 "아니……."라고 말하면서 얼굴을 만진다거나 몸을 만진다면 자신의 거짓말이 들킬 것에 대한 불안의 표출로 보아도 무방하다. 그 후에 "그렇구나. 내가 오해했네.", "아, 그런 거였구나. 미안해."와 같이 말하며 믿는 척을 해 보라. 이때 한순간이라도 상대방이 안심하는 표정을 짓는다면 그의 마음속에 '휴우! 내 거짓말이 들통나지 않았어. 다행이야.'라는 심리가 움직이고 있는 것이다.

이와 더불어 "아니야. 이해해 주니 다행이야."라든가 "믿어 줘서 고마워."라고 말하며 손으로 자신의 얼굴이나 몸을 만지고 움직이지 않는다면, 이것은 자신의 거짓말이 당신에게 들키지 않은 것에 대한 명백한 안도의 증거이다.

7 거짓말과 웃음, 동작의 관계

거짓말을 할 때 웃음을 보이는 사람이 많다. 예를 들어, "지금 내가 거짓말을 하고 있다고 생각하는 겁니까? 그래요?"와 같은 말을 할 때, 웃음을 동반하는 경우가 많다. 물론 경우에 따라서는 화가 난 것처럼 연기를 할 때도 있다. 하지만 그 분노의 틈에 '웃기지 말아 주세요.' 또는 '용서해 주세요.'라는 의미로 결국 웃는 얼굴이 나와 버린다. 또한 "너무 어처구니가 없어서 웃음이 나오네요."와 같이 말하며 웃음을 보이는 경우도 있다. 불편한 감정으로 인해 얼굴에 경련이 일어나는 것을 피할 목적으로 감정을 봉인시키고 포커페이스가 되는 사람도 있다.

이와 같이 거짓말을 하는 상당수의 사람이 웃는 얼굴을 위장해서 불편한 감정을 숨기려고 하는 심리가 있다. 정말로 화가 났다면 허세를 부리듯이 설렁설렁 화를 내지 않을 것이다. 입으로는 화를 내고 있지만 얼굴에 분노의 표정이 보이지 않는다거나 분노의 감정이 뒤늦게 나타나는 것도 거짓말을 할 때 자주 나타나는 행동이다.

일반적으로 목소리와 행동, 언어와 표정은 아주 짧은 시간차가 있기는 하지만 대부분 동시에 드러난다. 그런데 거짓말을 하면 표정이나 행동이 말에 비해 너무 느리게 나타난다거나 반대로 빨라진다.

미세표정(Micro-expression) 분석의 세계에서는 인간이 스스로 표정과 동작을 컨트롤할 때까지 대략 0.4초의 시간이 걸린다고 한다. 즉 그 짧은 순간에 스스로 컨트롤할 수 없는 진심의 표정이 드러난다는 것이다. 물론 0.4초는 우리가 일반적으로 감지하기 힘든 매우 짧은 시간이다. 하지만 계속해서 관찰하다 보면, 거짓의 웃음과 거짓 분노의 표정이 나타나기 전에 '진실의 표정'을 캐치하는 것이 가능할지도 모른다.

8 ▶ 혀의 움직임

혀를 삐쭉 내미는 동작은 거짓말이 잘 통한 후에 안도감에서 나오는 행위이다. 이런 행동은 자기 자신조차도 깨닫지 못하는 경우가 대부분이다. 거짓말을 한 후에 상대방이 잘 속아 넘어갔다고 판단되면 순간 긴장이 가라앉고 마음이 느슨해진다. 그래서 거짓말을 하는 동안 바싹 타들어 갔던 입의 수분을 보충하기 시작한다.

윗입술을 핥는다거나, 핥는 것까진 아니더라도 입안의 건조함을 없애려고 혀를 치아보다 더 앞으로 내민다. 운 좋게 눈앞에 음료수가 있는 경우에는 그것을 마시고 갈증을 해소할 수도 있다. 이 모든 것이 거짓말이 잘 통했을 경우에 취하게 되는 안도의 행위이다.

CHAPTER

5

언어의
올가미를 쳐라

관찰이 끝난 뒤 멘탈리스트에게 필요한 것은 바로 '컨트롤'이다. 관찰을 통해 상대방의 마음을 읽었다고 해도 컨트롤이 되지 않으면 아무 소용이 없다. 즉 상대가 멘탈리스트의 의도대로 말하고 행동해야 하는데, 그렇지 않다면 관찰이나 마음 읽기는 그다지 의미가 없다.

나는 텔레비전 쇼를 할 때 종종 여자 패널들에게 그림을 그리게 한다. 그리고 미리 준비해 놓은 봉투에 어떤 그림이 담겨 있는지 확인하게 한다. 결과는 어떨까? 당신의 생각대로 준비해 놓은 그림과 여성 패널이 그린 그림이 정확하게 일치한다. 녹화가 끝나면 패널들이 몰려와 대체 어떻게 된 일이냐며, 그 비결 좀 알려 달라고 한다. 그러면 나는 이렇게 대답한다.

"제가 알아맞힌 것이 아니라, 상대방이 그렇게 그리도록 컨트롤했어요."

멘탈매직에서는 '사이코로지컬 포스(Psychological force)', 즉 심리학적인 트릭이나 통계학을 응용하여 관객들이 가장 많이 생각하는 것을 알아맞힌다. 아주 간단한 예를 들어보겠다. 이 책을 읽는 당신도 참여가 가능하다.

1부터 4 중에 숫자 하나만 생각해 주세요. 빨리요! 당신이 생각한 숫
자는 무엇인가요? 자, 다시 한 번 해 볼까요? 이번에는 5부터 12 중에
숫자 하나를 생각해 주세요. 고민하지 말고 빨리 떠올리셔야 합니다.

답을 확인하고 고개를 갸웃거리는 사람도 있을 것이다. 이는 통계학을 이용
한 심리학적인 트릭이기 때문에 100% 일치할 수는 없다. 1부터 4까지 생각하
게 한다면 대다수의 사람은 중간에서 약간 오른쪽의 것을 떠올린다. 1과 4는 한
계치이기 때문에 마음속에서 제외되기 쉽다. 통계로 살펴보면, 약 90%가 3이라
고 대답한다. 참고로 질문을 1부터 5로 정하면 4를 생각할 확률이 매우 높다.

5부터 12 사이의 숫자를 생각하게 할 경우도 마찬가지이다. 사람들은 무의식
적으로 가장 끝 숫자인 5와 12를 빼는 경향이 있다. 그리고 대부분 가장 익숙한
숫자인 7을 선택한다. 이러한 질문을 할 때는 빠르게 답할 수 있도록 유도해야
한다. 고민의 시간이 주어지면 멘탈리스트가 정한 조작의 범위를 넘어갈 가능
성이 커지기 때문이다.

멘탈리스트들은 통계학에 근거한 수치를 활용한다. 여기에 손동작이나 공간
의 구분 등을 통해 좀 더 확실하게 원하는 답을 끌어낼 수 있다. 예를 들어 1부터
4를 이야기할 때 한계치의 범위를 손으로 공중에서 정하는 모양을 한 뒤, 마지
막으로 예상되어지는 3쪽을 가르키며 말하면 확률은 100%에 가까워진다.

이 외에도 관찰 후 상대방의 마음을 읽고, 자연스럽게 내가 원하는 대로 상대
방을 컨트롤할 수 있는 방법이 매우 많이 개발되었고, 사용되고 있다.

'NO'를 막아 버리는 바인드 테크닉

컨트롤 기법 중 언어를 활용한 대표적인 것이 '더블 바인드(double bind)'이다. 제품을 구매할 때 직원이 "옵션을 추가하실 건가요?"라고 물어보면 "필요 없습니다."라고 답하는 사람도 많을 것이다. 이런 질문은 '추가하지 않아도 된다.'라는 생각과 맞닿게 되기 때문이다.

그런데 "옵션은 어떤 것을 선택하시겠습니까?"라는 질문을 받게 되면 어떨까? 이런 질문을 받으면 '아, 뭔가 선택하지 않으면 안 되는구나.'라고 생각할 가능성이 크다. 이처럼 상대방의 머릿속에서 'NO'를 지워 버린 상태에서 선택권을 주는 언어 기법이 바로 '더블 바인드'이다.

더블 바인드는 미국에서 활동한 영국 태생의 문화인류학자 그레고리 베이트슨(Gregory Bateson)이 제시한 이론으로, '이중 구속'이라고도 한다. 이 기법은 양자택일을 해서 빠른 결론을 내고자 할 때 사용하면 큰 효과를 볼 수 있다.

이 기법의 포인트는 상대방에게 절대 부탁을 하지 않는 것에 있다. 예를 들어 "이 시계를 사실 건가요?"가 아니라, "선물하실 건가요? 아니면 손님이 직접 착용하실 건가요?"라고 묻는 것이다. 시계를 구매하는 것은 기정사실로 만들어 놓은 뒤에 직접 착용할 것인지, 선물을 할 것인지 묻는 것이다. 이럴 경우 시계를 살 것인가, 말 것인가에 대한 고민은 상대방의 머릿속에서 사라지게 된다.

당신이 마음에 드는 이성에게 데이트 신청을 한다고 가정해 보자. 일반적으로는 "내일 우리 데이트하지 않을래요?", "내일 우리 놀러 가지 않을래요?", "내일 만나지 않을래요?" 등과 같이 데이트 신청을 한다. 이는 상대방에게 'YES'와

'NO'의 두 가지 선택지를 주는 셈이다. 분명 상대방은 둘 중 하나를 선택하게 될 테니, 당신의 요구가 통할 가능성은 50대 50이다. 그런데 당신에 대한 상대방의 호감이 낮거나, 만난 지 얼마 되지 않았을 때라면 'NO'라는 대답을 듣게될 가능성이 더 높다.

상대방이 일단 'NO' 모드에 들어가면, 그 후에는 좀처럼 마음을 되돌릴 수 없다. "에이, 그렇게 말하지 말고 내일 만나서 놀러가요. 아니면 차라도 한잔하든지.", "잠깐이라도 괜찮으니까 얼굴만이라도 좀 보여 줘요."라고 말하며 아무리 굽혀 봐도 상대방의 머릿속에는 이미 'NO'가 가득 차 있어 '끈질긴 사람이네!'라는 나쁜 인상을 주게 될 것이다.

에릭슨 박사는 질문의 방식을 바꾸는 것만으로도 상대방에게 무조건 'YES'를 받아 낼 수 있다고 주장했다. 예를 들어 상대방에게 데이트 신청을 할 때, "내일 낮에 함께 식사하지 않을래요? 아니면 간단하게 카페에서 차 마시며 이야기나 할까요? 어느 쪽이 좋아요?"라고 묻는 것이다. 즉 '데이트한다'라는 것을 전제로 간 뒤에 그 다음 질문으로부터 시작하는 것이다. 이때 대답의 선택지는 '밥'이나 '차'일 뿐 결코 'NO'는 없다. 따라서 상대방이 어느 쪽을 고른다고 해도 '데이트를 한다.'라는 목적은 충족되는 것이다.

> **더블 바인드를 이용한 질문법**
> A "나와 데이트하지 않을래?" ▶ 'YES' or 'NO'
> B "식사를 하는 게 좋을까? 차를 마시는 게 좋을까?" ▶ '밥' or '차'

선택지가 두 개인 것이 '더블 바인드'라면 세 가지인 경우는 '트리플 바인드'라고 한다. 트리플 바인드의 예를 들면, 당신이 누군가에게 "오늘 저녁에 같이 식사할래요? 아니면 술이라도 한잔할까요?"라고 말하며 데이트 신청을 한다. 이때 상대방이 "어쩌죠? 오늘 저녁에는 집에 일찍 들어가 봐야 해요."라고 거절 의사를 내보일 수도 있다. 그럴 경우 포기하고 물러서기보다 "그럼 간단히 차나 한잔하죠."라고 말하며 또 다른 선택지를 던지는 것이다. 물론 세 번째 선택지는 앞의 두 경우와 달리 덜 부담스러운 것이어야 한다.

인간은 자신의 의지에 의해 선택하고 행동한다고 생각하지만 사실 우리는 우리가 생각하는 것만큼 자유롭게 선택하고 행동하지 않는다. 말하자면, 결국에는 주어진 선택지에서 고르고 있는 것뿐이다. 물론 선택지 없이 무조건 따라야 하는 것보다 '스스로 고른다.'라는 작은 주도권만 주어지면 그것만으로도 만족할 수 있는 생물체가 바로 인간이다.

따라서 선택지를 두세 개 정도로 좁혀서 상대방에게 던져 놓으면 상대방은 그중 하나를 선택하는 자유를 확보하게 되고, 당신은 그의 발언을 속박하게 된다. 즉 상대방이 어느 것을 고르더라도 당신의 생각대로 되는 것이다. 이것이 바로 바인드 테크닉이다.

공연 때도 바인드 테크닉을 응용한 언어적 조작의 기법이 사용된다. 마술사가 특정 여성 관객을 무대로 불러 올려 공연을 진행하려고 했을 때의 상황이다.

마술사 : 저기, 빨간 원피스를 입은 여성분 일어나 주세요.

관객 : 저요?

마술사 : 네, 무대로 나와 주세요.

이와 같이 말하면 해당 여성이 적극적으로 무대로 나올 가능성은 높지 않다. 특히 수줍음을 잘 타는 우리나라 여성들의 특성상 아예 손사래를 치며 나오지 않을 가능성이 크다. 설령 나온다고 하더라도 머뭇거리느라 무대 위로 올라오기까지 시간이 오래 걸린다. 그러나 이를 다음 문장으로 바꾸면 매우 간단하게 그녀를 무대 앞으로 불러올 수 있다.

"저기 있는 빨간 원피스를 입은 여성분, 일어나서 앞으로 나와 주시기 바랍니다."

이처럼 문장을 붙여서 명령어로 말하면, 지체 없이 나올 확률이 높아진다. 이 문장은 자리에서 일어나는 것을 기본적인 전제로 하고 있기 때문이다.

'NO'를 생각하지 못하게 하는 이러한 언어적 조작법은 비즈니스나 연애 등 우리의 일상에서 아주 유용하게 활용할 수 있다. 예컨대 부하 직원에게 복사를 부탁할 때 "복사 100부 부탁해요."가 아니라, "복사 100부를 부탁하려고 하는데, 오늘 오전, 오후 중에 언제 가능하겠어요?"라고 질문하는 것이다. 또한 배우자에게 집 청소를 부탁할 때 "주말에는 집 청소를 해 줘요."가 아니라, "토요일과 일요일 중에 언제 청소를 해 줄 수 있어요?"라고 질문하는 것이다.

이처럼 질문을 바꾸는 것만으로도 당신이 원하던 'YES'의 답을 듣게 될 확률이 훨씬 더 커진다.

두뇌사용설명서 'NLP'

멘탈리즘이나 심리학을 연구하다 보면 'NLP(Neuro Linguistic Programming)'란 용어가 많이 등장한다. 멘탈리즘은 'NLP 이론'을 응용하여 큰 발전을 이루었기 때문이다. NLP는 1970년대 중반 캘리포니아 대학 산타크루즈 캠퍼스에서 언어학 조교수였던 존 그린더와 심리학과 대학원생이었던 리차드 벤들러가 기초 이론을 확립했다. 리차드 벤들러는 NLP를 '두뇌의 사용 설명서'라고 정의 내리기도 했다.

NLP는 인간의 언어가 어떻게 신경 생리적으로 입력되고 프로그래밍 되어 인간의 삶에서 작용되는지를 밝히며, 더욱 긍정적인 변화와 치료를 위해 그러한 언어적 프로그래밍의 원리를 인간의 삶에 어떻게 활용할 수 있는가를 가르치는 기법이다.

또한 NLP는 최면처럼 잠재의식에도 큰 비중을 두었는데, 새로운 방법으로 인간의 잠재의식을 다스려서 인간이 자신의 능력을 탁월하게 발휘하여 더욱 행복하게 살아갈 수 있는 인품을 형성해 가는 과학이기도 하다.

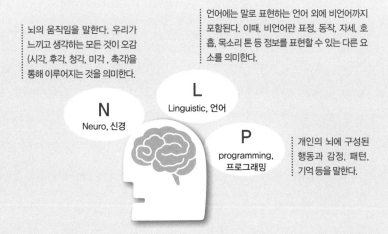

뇌의 움직임을 말한다. 우리가 느끼고 생각하는 모든 것이 오감(시각, 후각, 청각, 미각, 촉각)을 통해 이루어지는 것을 의미한다.

언어에는 말로 표현하는 언어 외에 비언어까지 포함된다. 이때, 비언어란 표정, 동작, 자세, 호흡, 목소리 톤 등 정보를 표현할 수 있는 다른 요소를 의미한다.

N
Neuro, 신경

L
Linguistic, 언어

P
programming,
프로그래밍

개인의 뇌에 구성된 행동과 감정, 패턴, 기억 등을 말한다.

분담의 법칙을 활용하라

직장에서도, 학교에서도, 가정에서도 타인과 더불어 생활하는 모든 환경에서 우리는 누군가에게 무언가를 부탁해야 할 일이 종종 생긴다. 타인에게 부탁을 한 적이 한 번도 없다고 자신 있게 말할 수 있는 사람은 아마 없을 것이다. 어찌 보면 부탁은 우리의 일상 중 하나이다. 그럼에도 '거절당하고 싶지 않다.', '상대 방이 싫어하는 기색을 보고 싶지 않다.', '빚을 지는 것 같아서 싫다.'라는 생각 때문에 부탁하는 것이 서투른 사람이 의외로 많다.

그렇다면 상대방에게 무언가를 부탁할 때 기분 좋게 들어주게 하는 테크닉 이 있다면 어떨까? 부탁에 대한 스트레스가 확연히 줄어들 것이다.

"나는 떡을 썰 테니, 너는 글을 써라."

한석봉의 어머니가 절에서 공부를 마치고 돌아온 아들에게 글 쓰기를 부탁 하며 한 말이다.

"자, 어디 한 번 글을 써 봐라."라고 말하는 것보다 '나는 무엇을 할 테니, 너는 무엇을 하라.'라고 하는 편이 듣는 이로 하여금 거부감이 덜 들게 하는 부탁의 테크닉이다. 물론 한석봉의 경우는 어머니가 고생하며 뒷바라지해 주는 것을 알기 때문에 어머니의 말을 거역할 수 없는 입장이지만, 일반적인 인간관계에 서는 그런 경우가 흔치 않다. 따라서 이 테크닉을 알아 두면 유용하게 활용할 수 있다.

여러 사람이 어울려 생활하는 집단 상황에서 사람은 다수 혹은 가족과 연인 등 소중히 생각하는 사람의 행동과 의견에 영향을 받기 쉬운 경향이 있다. 이처럼 '행동'과 '주장'과 같은 것을 의식적 또는 무의식적으로 따라하는 것을 '동조행동'이라고 한다. 타인에게 부탁을 할 때도 이러한 동조행동 심리를 활용하면 큰 효과를 기대할 수 있다.

주말에 만화책을 보며 빈둥거리고 있는 동생에게 설거지를 부탁한다고 가정해 보자.

"다 큰 녀석이 하루 종일 빈둥대며 만화책만 보니? 네 눈엔 싱크대에 가득 쌓여 있는 그릇들이 안 보여? 제발 주말만이라도 설거지 좀 해!"

이와 같이 노골적이면서 직설적으로 말했을 때 흔쾌히 부탁을 들어줄 사람은 많지 않을 것이다. 그렇다고 다소 비굴함이 느껴지는 말투로 "동생아, 설거지 좀 해 주면 안 될까? 부탁해."라고 말한다면 동생은 자신에게 '설거지를 하느냐, 마느냐.'라는 선택권이 주어져 있음을 직감하고 "NO!"라고 말할 확률이 크다. 그래서 필요한 것이 '동조행동'의 심리를 활용한 '분담의 법칙' 화법이다.

"누나는 욕실 청소를 하고, 나는 방 청소를 할게. 그러니까 너는 설거지를 좀 해 줘."

화법을 조금 바꾸는 것만으로도 훨씬 더 부드러우면서 거절하기 힘든 부탁이 되었다.

우리는 어릴 때부터 "○○가 창문을 닦으니까 너는 거실을 청소해."와 같은 작업 분담의 개념이 심어져 있다. 누군가가 무언가를 하는 이상, 내가 아무것도 하지 않고 빈둥거리고 있는 것은 공정하지 못하다는 생각이 잠재의식에 새겨져 있는 것이다. 또한 주위 사람들이 모두 무언가를 맡아서 하니 나 역시 그렇게 해야 할 것 같은 동조심리가 발동되기도 한다.

따라서 그냥 "설거지 좀 해 줘.", "쓰레기 좀 버리고 와 줘."라고 말하는 것보다 "나는 무엇을 할 테니 너는 무엇을 해 줘."라고 하는 것이 상대방의 반발을 최소한으로 눌러 거절의 확률을 줄일 수 있다. 게다가 부탁을 하는 입장에서도 '나도 무언가를 한다.'라는 것을 전제로 까는 것이니 훨씬 더 당당할 수 있다.

직장에서 후배에게 복사를 부탁할 때도 이러한 분담의 법칙을 활용한 화법을 사용한다면 훨씬 더 기분 좋게 당신의 부탁을 들어줄 것이다.

"미안, 바쁠 텐데 부탁 좀 할게. 이 서류 10부만 급히 카피해 줄 수 있을까?"

이것도 나쁘지 않은 부탁법이긴 하지만, 여기에 한 문장만 덧붙여 보라.

"앞으로 10분 후에 부장님께 제출할 서류를 모아 놓아야 하는데, 이 서류 10부만 급히 카피해 줄 수 있을까? 나는 그 사이에 서류들을 모으고 있을게."

어떤가. 상대방의 입장에선 딱히 거절할 만한 구실을 찾지 못해 순순히 당신의 부탁을 들어줄 수밖에 없을 것이다.

'비밀'로 유대감을 키워라

여러 사람이 모이는 곳에서는 언제나 성격이나 가치관이 맞지 않아 집단에서 둥둥 떠 버리는 '이방인'같은 사람이 있게 마련이다. 그 상대가 그저 조금 아는 정도라면, "잘 맞지 않아."라는 한마디로 정리해 버리면 되는 문제이지만 일 등으로 인해 접하는 경우가 많으면 긍정적인 관계로 변화시킬 필요가 있다.

이럴 때 유용한 것이 바로 '클로징 효과'이다. 이는 상대방과 어떠한 '비밀'을 공유하면서 다가가는 것으로, 나와 당신만이 서로 같은 비밀을 공유하고 있다는 생각이 서로를 더 친밀하게 느끼게 만드는 효과이다. 로미오와 줄리엣이 불같이 열정적으로 사랑할 수 있었던 것도 두 사람의 감정이 다른 사람에게는 들키지 말아야 하는 '비밀'이었기 때문일지도 모른다.

'비밀'이라는 말에 거부감을 느낀다면, '공통의 체험'이라도 괜찮다. 중요한 것은 '이것은 나와 당신과의 비밀' 혹은 '이것은 둘이서 공유한 체험'이라는 것을 상대방이 확실하게 인지하는 것이다.

"당신에게만 말하는 건데, 사실은……."

"이건 우리끼리 이야긴데……."

'비밀'은 누구라도 두근거리게 만드는 흥밋거리이기 때문에 누군가의 비밀을 듣고 '민폐이다.' 또는 '웬 오버?'라고 생각하는 사람은 별로 없다. 오히려 '그렇게 솔직하게 말해 주다니! 이 사람은 나를 신뢰하는구나!'라고 생각할지도 모른다.

'비밀'의 내용은 어떤 것이라도 좋다. 개인적인 이야기도 좋고, 업무와 관련된 사람일 경우에는 별 지장이 없는 선에서 비즈니스상의 이야기를 해도 좋다.

'공통의 체험' 역시 좋은 효과를 얻을 수 있다. 예를 들면 미팅이나 회의 등이 시작되기 전에 "확인하고 싶은 것이 있다."라고 말하며, 그날 회의의 흐름과 포인트를 사전에 협의하는 것이다.

"오늘 회의는 이러한 흐름으로 진행하고 싶은데요."

"이 부분에 대해서 당신은 어떻게 생각해요?"

"A에 대해 이야기하고 싶은데, 어떻게 얘기하면 잘 전달할 수 있을까요?"

당신과 그 사람 둘이 사전에 무언가를 의논하고 확인한다는 체험을 만들어 두는 것이다. 이럴 경우 신뢰감과 유대감이 형성되어 관계를 긍정적으로 발전 시키는 데 큰 도움이 된다. '타인이 하면 화가 나지만, 내 동료 중의 한 사람이라면 허락할 수 있다.'라는 것처럼, 자신과 같은 집단 안에 있다는 것을 알게 되는 순간, 상대방에 대한 평가는 30% 이상 달콤해지는 것이다. 같은 취미를 가진 상대와 갑자기 가까워지거나 출신지가 가까우면 친근감을 느끼는 것도 바로 이러한 '공동의 체험' 때문이다.

'비밀'과 '공통의 체험' 기법을 활용하면 집단에서 잘 융화되지 않던 사람에게 '우리'라는 감정을 심어 줄 수 있다. 즉 이방인처럼 굴던 사람도 집단 안의 누군가와 마음속을 털어놓는 것이 가능해지면 '우리'라는 인식 때문에 작은 문제는 참을 수 있게 된다. 그리고 그것을 계기로 다른 집단 구성원들과도 동료의식이 싹틀지도 모른다.

한 가지 덧붙이자면, '클로징 효과'를 사용한 테크닉은 연애에 있어서도 효과가 크다. 연애에 있어서 '둘이서 데이트를 한다.'라는 것이 특별한 의미를 가지는 것은 두 사람만의 체험을 공유할 수 있기 때문이다.

마음에 드는 상대가 있을 때 처음부터 데이트하는 것은 무리라고 해도 '클로징 효과'를 의식해서 움직이면 상대방의 반응은 점차 바뀌어 갈 것이다. 비즈니스든 연애든 사소한 것이라도 좋으니 의식하는 상대와 두 사람만의 비밀을 만드는 것부터 시작해 보도록 하라. 비밀로 인해 당신과 상대는 '우리'라는 끈끈한 유대감을 가진 관계로 발전해 나갈 것이다.

CHAPTER

6

시간과 공간을
모두 내 편으로 만들어라

"만약 누군가를 당신의 편으로 만들고 싶다면,
먼저 당신이 그의 진정한 친구임을 확신시켜라."
_에이브러햄 링컨

모든 사람은 일을 한다. 먹고 살기 위해 일하기도 하고, 자신의 꿈을 완성하기 위해 일하기도 한다. 주부가 가족의 건강과 화목을 위해 집안일을 돌보는 것도 일이며, 학생이 학업의 성취와 완성을 위해 공부하는 것도 일종의 일이다. 그 이유와 목적은 다르지만 이 세상에 일을 하지 않는 사람은 없다.

일을 하는 과정에서 일 자체의 어려움보다 함께하는 사람들과의 관계에서 오는 어려움을 호소하는 사람이 많다. 특히 상하관계가 분명한 직장의 경우는 더욱더 심각하다. 권위만 내세우는 상사 때문에, 자신을 만만하게 생각하는 부하 직원 때문에 어려움을 겪기도 하고, 거래처와 관계가 좋지 않아 큰 계약을 놓치기도 한다. 이처럼 나를 둘러싼 많은 관계의 실패 때문에 직장을 그만두기도 하고, 큰돈을 얻을 기회를 놓치기도 한다.

그런데 상대방의 마음을 읽고, 나의 마음을 효과적으로 전하고, 나아가 상대방의 마음을 컨트롤할 수 있는 멘탈리즘 기법을 익혀 둔다면 다양한 인간관계에서 오는 스트레스를 줄이는 것은 물론 긍정적인 관계까지 기대할 수 있다.

멘탈리즘에서는 나를 둘러싼 모든 것을 내 편으로 만드는 것이 가능하다. 심지어 시간과 공간까지 유용하게 활용할 수 있다. 예를 들어 누군가에게서 계약을 따 내야 할 때도 나에게 도움이 되는 자리 배치가 따로 있다. 회의실 등에서 마주앉아 계약을 진행하는 일이 많은데, 이때 상대방이 불편해 하지 않는다면 내가 상석에 앉고 상대방을 내 왼쪽에 앉게 하는 것이 최고의 자리 배치이다.

이처럼 멘탈리즘에 있어 공간 활용은 매우 중요하다. 고객과의 미팅 자리에서 무심코 앉은 좌석 배치 때문에 졸지에 을이 되기도 하고, 반대로 갑이 되어 상황의 주도권을 쥐게 되기도 한다. 또 회의실 좌석 배치에 숨겨진 갑을관계의 의미를 미처 알지 못해 상사의 눈 밖에 나기도 한다.

각 자리마다 드러나는 혹은 드러나지 않는 권력 관계가 내포되어 있다. 회의 등의 비즈니스 현장에서 혹은 여러 사람이 모이는 모임 등에서 사람들이 앉아 있는 자리의 배치를 보고 우리는 그들의 보이지 않는 상하관계를 바로 알아낼 수 있다. 역으로 우리가 어디에 앉을 것인가를 결정함으로써 상대방에게 압박을 가하거나 친밀감을 느끼게 할 수도 있다.

나 역시 멘탈리즘을 시연할 때 자리 배치에 따른 심리적 효과를 많이 이용한다. 예를 들어, 권위적인 느낌을 주는 공연을 해야 하거나 상대방을 제압해야 할 때는 자리 배치를 직사각형으로 한다. 반면, 긴장된 분위기를 풀어 주어야 할 때는 직각으로 앉아서 편안한 느낌을 주며 심리적 트릭을 구사한다. 자리 배치에 따른 심리적 효과를 참고하여 상황에 따라 적절하게 활용하면 큰 도움이 될 것이다.

공간을 활용하여 마음을 얻어라

당신은 현재 텅 빈 지하철 안에서 자리 하나를 차지해 편안히 앉아 있다. 그런데 다음 역에서 탑승한 낯선 사람이 수많은 지하철 좌석을 뒤로 한 채 당신의 옆 자리에 떡하니 앉아 버린다. 이럴 경우 당신은 어떻게 할 것인가?

군이 상대방이 험악한 인상으로 나에게 위협감을 주지 않더라도 보통의 경우 한두 자리 옆으로 옮겨 앉을 것이다. 나와 그다지 친하지 않은 사람이 불쑥 내 옆으로 다가오면 긴장감을 넘어 불쾌함까지 느껴질 수 있기 때문이다.

인간에게는 심리적으로 만들어 내는 '개인 공간'이 존재한다. 'Personal Space'라고 불리는 이 개인 공간은 아무런 예고도 없이 타인이 들어오면 화를 낸다거나, 안정되지 않는다거나, 위협감을 느끼는 성질을 가지고 있다. 인간뿐 아니라 동물도 마찬가지이다.

KLM(네덜란드 유럽전문 항공사)에서는 인간의 의식에 잠재된 이러한 '개인 공간'에 대한 실험 형식의 광고를 내보내 고객들의 관심을 이끌어 냈다. 몰래카메라 형식으로 진행된 이 광고 속의 실험은 다른 사람과 충분한 개인 공간을 유지하며 평온하게 있는 사람들에게 갑자기 실험자가 다가감으로써 그들의 반응을 살폈다.

예상대로 피실험자가 된 모든 사람은 낯선 사람이 갑자기 자신의 옆으로 가까이 다가오자 당황해하며 조심스레 자리를 옮겨 상대방과의 거리를 확보했다. KLM은 광고의 마지막 화면에 'KLM(네덜란드 유럽전문 항공사)은 당신의 옆 좌석을 비워 둡니다.'라는 자막을 내 보냄으로써 개인 공간을 유지하고자 하는 인간의 욕구를 자신들이 충분히 알고 있고, 존중한다는 메시지를 전했다.

물론 모든 사람이 이러한 개인 공간을 유지하려는 욕구를 가지고 있는 것은 아니다. 개인 공간은 대상에 따라 조금씩 다르게 적용된다. 즉 그다지 좋아하지 않거나 함께 있기 꺼려지는 사람에게는 충분한 개인 공간을 확보하고자 하는 본능이 작용해 두 사람의 물리적 거리 역시 멀어진다. 반대로 좋아하고 호감이 가는 사람에게는 개인 공간을 좁혀 두 사람의 물리적 거리 역시 아주 가까워진다. 그래서 서로의 거리감을 보고 그 관계성을 예측하는 것도 가능하다.

언젠가 친구로 지내던 남녀가 이전보다 훨씬 더 가까운 거리에서 대화하는 것을 보고, '아! 저 두 사람 사귀기 시작했구나!'라고 깨달은 적이 있을 것이다. 거리감은 그만큼 인간의 관계성과 마음의 거리를 정직하게 나타내 준다.

개인 공간에 대해 미국의 문화인류학자 에드워드 T 홀(Edward T. Hall)은 크게 다음과 같이 정의했다.

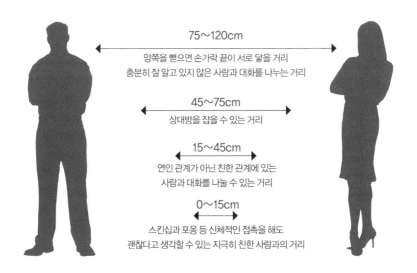

75~120cm
양쪽을 뻗으면 손가락 끝이 서로 닿을 거리
충분히 잘 알고 있지 않은 사람과 대화를 나누는 거리

45~75cm
상대방을 잡을 수 있는 거리

15~45cm
연인 관계가 아닌 친한 관계에 있는
사람과 대화를 나눌 수 있는 거리

0~15cm
스킨십과 포옹 등 신체적인 접촉을 해도
괜찮다고 생각할 수 있는 지극히 친한 사람과의 거리

멘탈리즘의 실제에서는 다음 사항을 참고한다.

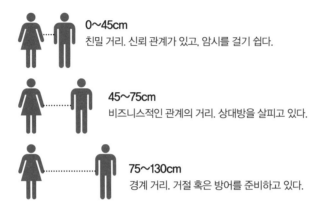

0~45cm
친밀 거리. 신뢰 관계가 있고, 암시를 걸기 쉽다.

45~75cm
비즈니스적인 관계의 거리. 상대방을 살피고 있다.

75~130cm
경계 거리. 거절 혹은 방어를 준비하고 있다.

　개인 공간은 '들어오면 불쾌하게 느끼는 거리'인 만큼 상대방의 감정을 존중하여 그 거리를 지키는 것이 매우 중요하다. 하지만 더욱 친해지고 싶은 관계에서 무작정 이러한 개인 공간을 지켜 주는 것은 관계의 진전에 도움이 되지 않는다. 따라서 이러한 개인 공간을 역으로 이용하여 물리적인 거리를 좁히는 것으로 상대방과의 친밀감을 높이려는 노력도 필요하다.

　물론 마구잡이로 다가서면 오히려 상대방에게 경계심을 가져 역효과를 낼 위험이 있다. 더군다나 상대방이 대부분의 사람과 어느 정도 거리를 두고 싶어 하는 타입이라면 만남의 초기에는 보통보다 거리를 넓게 확보하는 편이 좋다. 그리고 거리를 좁히는 것에 있어서도 속도를 늦추어 상대를 충분히 배려해 주어야 한다.

　통계를 그대로 받아들이는 것이 아니라 어떻게 상대방의 개인 공간을 파악할지, 그것을 존중하며 얼마나 자연스럽게 상대방의 영역에 파고들어갈 것인지 그리고 자신의 영역에 상대방을 어떻게 불러들일 것인지가 포인트이다.

대화를 나누는 중에 상대방이 긍정적인 반응을 보이며 당신에게 호감을 나타낸다는 생각이 든다면 75cm에서 45cm로 거리를 좁혀 보도록 하라. 다만 당신이 다가섰을 때 상대방이 뒤로 물러나며 거리를 유지하려 한다면 아직은 거리를 좁히는 것이 이른 것이다. 이때는 아쉽지만 당신이 다시 뒤로 조금 물러나는 것이 좋다.

만약 당신이 뒤로 물러나지 않으면 상대방은 당신에게 불쾌감을 가질 수도 있다. 상대방의 마음을 읽어 다가가야 할 때와 물러서야 할 때를 잘 감지하는 것이 상대방과의 관계를 진전시키는 데 매우 중요하다.

인간은 무언가 떳떳하지 못할 때 누군가가 다가가면 놀라게 되어 있다. 예를 들어, 바람을 피우는 것이 걸릴 것 같다는 생각이 들 때 애인 혹은 부인이 가까이 다가오면, 마치 자신의 안까지 들어와 모든 것을 봐 버릴 것 같은 공포를 느끼는 것이다.

불리해지면 팔짱을 낀다거나, 벽에 기댄다거나, 몸을 뒤로 젖힌다거나, 의자에 깊숙이 앉는 행동을 하는 것도 그런 이유 때문이다. 상대방과 일정 거리를 유지함으로써 자신의 속마음을 들키고 싶지 않은 것이다.

안경의 거리로
상대방과의 거리를 확인한다

좋아하는 사람이나 다가가고 싶은 사람 혹은 가까웠던 것 같은데 지금은 멀게 느껴지는 사람이 있다면 우선 그의 마음을 읽는 것이 중요하다. 테스트로 그 사람의 음료수 쪽에 당신의 안경을 놓아 보라. 안경이 없다면 선글라스를 이용해도 좋다.

상대방이 입을 댄 음료수와 당신 안경의 위치는 두 사람의 심리적 거리감을 대변한다. 상대방의 음료수에 당신의 안경을 조금씩 다가가게 하면 상대방은 어떻게 반응할까? 딱히 움직이지 않는다거나 오히려 상대방이 음료수를 마신 후에 당신의 안경 가까이에 음료수를 내려놓는다면 그는 당신을 충분히 편안한 사람이라고 느낀다고 판단해도 좋다.

안경이 가까워질수록 두 사람의 마음도 가깝다고 생각하면 된다. 반대로 상대방이 서둘러 음료수를 움직여 일정 거리를 유지하려 한다면 그의 마음은 그다지 가까운 곳에 없다는 것을 나타낸다.

상대방과 친해지고 싶다면 끈기 있게 안경을 가까이 놓고, 상대방이 움직이지 않게 되었을 때 자신의 마음을 전달하는 것도 방법이다. 물리적인 거리를 좁힘으로써 마음의 거리도 가깝게 할 수 있다.

연인과 거리가 멀어진 것 같다고 느꼈을 때, 직장 상사와의 거리를 좁히고 싶을 때 대화를 나누거나 회의를 하는 과정에서 이런 기법을 사용해도 매우 효과적이다.

상황을 주도하기 위한 자리 배치

권위를 가진 리더의 자리

비즈니스 현장, 영화나 드라마 등에서 많이 봐 온 덕분에 최고의 권력을 가진 리더가 앉는 자리가 어디인지 매우 잘 알고 있을 것이다. 전통적인 회의 테이블 인 긴 직사각형 탁자에서 리더 혹은 가장 높은 직급의 사람은 대부분 탁자 머리 쪽에 앉는다. 그리고 큰 협상을 하는 자리에서는 반대편 탁자 머리 쪽에 그에 준 하는 리더나 지도자가 앉는다.

물론 예외의 경우도 있다. 권위보다 화합을 중요하게 생각하고 구성원들을 존중하는 리더는 굳이 상석을 고집하지 않는다. 다른 구성원들과 격의 없이 자 리를 섞어 앉는 리더의 모습도 종종 찾아볼 수 있다.

영향력이 있는 사람이 앉는 자리

보통 리더 바로 옆 자리가 두 번째로 영향력이 있는 사람의 자리이다. 그런데 그는 리더가 주장하는 것을 반대하지 않고 조용히 따라가는 성격을 가지고 있 을, 예스맨일 확률이 높다.

리더가 참석하지 않은 상태에서 회의가 진척되지 않거나 어떠한 협상을 할 때, 이 사람을 겨냥하는 것이 좋다. 그의 권위를 인정해 주고 설득하면 협상이 성사될 가능성이 커진다. 그에게 좋은 인상을 심어 준다면 그 계약이나 협상에 대해 리더에게 좋게 말을 해 줄 확률이 크기 때문이다.

영향력이 없는 사람이 앉는 자리

영향력이 없거나 회의 발언권이 떨어지는 사람은 대부분 테이블 긴 쪽의 중간 자리에 앉는다. 여기서 한 가지 팁은 자신이 중간 자리에 앉아야 할 경우 정중앙에 앉는 것이 조금은 더 돋보일 수 있다는 것이다.

심리학적으로 볼 때 사람들은 리더의 말이 끝나거나 침묵이 찾아올 때 테이블의 정중앙을 쳐다본다고 한다. 따라서 사람들의 시선을 자주 받게 되니 자연스럽게 윗사람들에게 존재감을 인식시킬 가능성이 크다. 또한 리더이거나 지도자라도 구성원들의 적극적인 협조를 필요로 한다면 중간 자리 정중앙에 앉는 것이 좋다.

이 밖에도 알아 두면 좋은 자리 배치에 대해서도 설명하겠다. 반드시 익혀 두었다가 일상에서 활용해 보기 바란다.

원형 테이블

원형 테이블은 상석이 따로 있지 않기 때문에 모두가 평등한 관계로 회의를 할 수 있다. 물론 어느 자리에서든지 분명 권력적인 상하관계가 존재하지만 조금은 더 자유로운 분위기에서 회의를 진행할 수 있다.

나란히 앉기

네모난 테이블에서 옆에 나란히 앉는 것은 '우리는 같은 편'이라는 의미이다. 설령 다른 회사 사람일지라도 '나는 너와 의견을 같이한다.'라는 메시지를 던질 때, 이처럼 자리를 배치할 수 있다. 즉 나란히 앉는 것이 합의를 이끌어 내기 위한 최적의 자리인 셈이다.

마주 앉기

협상을 하거나 오케이 사인을 받아야 할 때 마주 앉는 것은 불리한 결과를 이끌어 낼 수 있다. 꼭 마주 앉아야 하는 경우라면, 몸이 살짝 빗겨서 대각선으로 마주보고 앉거나 몸을 약간 기울여 상대방에게 가까이 다가간 상태에서 대화를 나누는 것이 좋다.

직각으로 앉기

네모난 테이블에서 직각으로 앉는 것은 일반적으로 연인들이 많이 앉는 자리 배치이다. 상대방에게 내 메시지를 효과적으로 전달하기 위해서는 상대방의 오른쪽에 앉는 것이 좋다. 앞서 말했듯이 사람은 오른쪽 귀로 전달받은 정보를 더욱 잘 처리하는 특성을 가지고 있다.

시간을 내 편으로 만들어 상대방의 기억을 조작하라

누군가와 대화를 나누다가 무심코 해서는 안 되는 말을 해 '망했다!'라고 생각한 적이 있을 것이다. 분위기에 심취되어 이야기를 마구 쏟아 내다 보면 그런 실수를 저지르곤 한다. 만약 당신이 이런 실수를 했다면 어떤 행동을 취하겠는가?

"당연히 바로 사과해야죠."
"조금 찔리지만 모른 척하고 넘어가요."
"실수가 아닌 것처럼 당당하게 다음 말을 할 거예요."

사실 어떤 대답을 하더라도 그다지 효과적이라고 할 수 없다. 한 번 내뱉은 말은 다시 주워 담을 수 없으니까. 그렇다면 실언 후의 대처법을 생각하기보다 상대의 머릿속에서 실언한 기억 자체를 지워 버리는 것은 어떨까?

기억을 지운다고 하니 무슨 영화의 한 장면처럼 여겨질지도 모르겠다. 하지만 멘탈리즘을 활용한다면 상대방의 기억에서 나의 실언을 지우는 것은 그리 어려운 일이 아니다.

멘탈리즘에서 '기억을 지운다'는 다소 당돌한 발상은 '깜빡 잊어버리는 것은 왜 생기는 것일까?'라는 의문에서 시작되었다. 그리고 과학적 인지를 사용하여 '깜빡하기를 의도적으로 일으킨다면 어떤 상황이 벌어질까?'에 대한 연구로 이어졌다. 그 결과, 기억을 지우는 것이 가능하다는 것을 알게 되었다.

자, 다음 상황을 상상해 보라.

당신은 여자 친구와 함께 커피숍에 들어갔다. 카페라떼를 주문한 당신은 곧장 여자 친구와 수다를 떨기 시작했다. 그런데 한창 수다를 떨던 여자 친구가 당신을 걱정스러운 눈빛으로 바라보며 이렇게 물었다.

"오늘 왜 그렇게 피곤해 보여? 피부도 푸석푸석해 보이고."

"그래? 거울 좀 줘 봐."

당신은 여자 친구가 내민 거울을 보며 이렇게 중얼거렸다.

"어제 클럽에서 너무 무리를 해서 그런가?"

"어제 클럽에 갔다고?"

"응? 클럽?"

여자 친구는 당신이 친구들과 어울려 클럽에 가는 것을 너무나 싫어했지만 방심한 나머지 그만 지난 밤에 클럽에 갔던 것을 실토하고 말았다. 어떻게든 이 상황을 수습해야 한다고 생각한 순간, 다행히 종업원이 주문한 음료를 가지고 왔다.

"어라? 전 카푸치노가 아니라, 카페라떼를 주문했는데요."

당신은 음료가 잘못 나온 것을 놓치지 않고 종업원에게 지적을 했다.

"아, 죄송합니다! 바로 다시 만들어다 드릴게요."

종업원은 미안하다며 공손하게 사과하고는 돌아갔다.

"카푸치노랑 카페라떼랑 비슷한 것 같아도 맛은 큰 차이가 있어. 그리고 무엇보다 카페라떼는 라떼아트를 즐기는 맛도 크지."

"라떼아트?"

"응. 이게 라떼아트인데……."

당신은 얼른 휴대폰으로 라떼아트 이미지를 검색하여 여자 친구에게 보여 주었다.

"어머, 이거 너무 예쁘다! 어? 이건 헬리콥터 모양이야. 그리기 어려울 것 같은데, 정말 신기하다."

여자 친구는 당신이 던진 새로운 화제에 집중하며 '어젯밤 당신이 클럽에 갔던 사건'은 기억 저편으로 던져 버렸다.

분명 있었던 일, 들었던 이야기이지만 일순간 기억 저편으로 사라져 버리는 이 현상은 인상적인 두 개의 기억 중간에 끼워진 부분은 쑥 빠져나가 버린다고 하는, '구조적 건망증(structured amnesia)'이라고 불리는 현상이다.

카푸치노가 등장한 것으로 인해 당신과 여자 친구의 기억은 카페라떼를 주문한 시점으로 다시 되돌아갔다. 두 개의 인상적인 사건, 즉 ①카페라떼를 주문한 기억, ②카페라떼가 아닌 다른 것이 놓인 사건이 있다. 그리고 이 두 개의 기억 사이에 있었던 '실언'의 기억은 감쪽같이 지워져 버리는 것이다.

독일의 심리학자 헤르만 에빙하우스(Hermann Ebbinghaus)는 기억과 망각의 시간적 관계를 나타낸 '망각곡선'이라는 개념을 고안해 냈다. 그는 실험을 통해 인간은 20분이 지나면 기억의 42%는 잊어버린다는 것을 발견했다. 즉 무언가를 인지한 후 20분 안에 다시 반복 인지 작업을 하지 않으면 기억의 42%가 사라진다는 것이다. 또한 1시간이 경과하면 약 56%, 일주일이 지나면 70%를 잊어버린다고 하니 반복하여 인지하지 않으면 기억은 저절로 사라지게 되는 셈이다.

멘탈리즘에서는 이러한 상황을 의도적으로 만들어 냄으로써 실언을 '없었던 일'로 해 버릴 수 있다. 즉 실언을 다시 인지하지 않게 함으로써 기억 속에서 완전히 지워 버리는 것이다. 이때 중요한 것은 실언 후에는 바로 그 이전에 하고 있었던 이야기와 가능한 한 연관성이 있는 이야기를 해야 한다는 것이다. 또한 최대한 인상적이게 이야기를 끌어가는 것이 중요하다.

한편, 위의 예시에서는 감사하게도 종업원이 음료를 잘못 가져오는 바람에 인상적인 사건이 자연스럽게 생겨났다. 하지만 매번 이런 행운이 따를 수는 없다. 따라서 '실언'을 한 후에는 즉시 인상적인 사건이나 이야깃거리를 만들어 내는 것이 중요하다. 예를 들면 "참! 나 오늘 지하철 타고 오면서 쇼킹한 걸 봤지 뭐야. 너무 놀라서 입이 안 다물어지더라고!"와 같이 상대방의 관심과 흥미를 끌 수 있는 이야기를 자연스럽게 시작하는 것이다.

이때 명심해야 하는 것은 외부적인 도움의 유무와 상관없이 자신이 실언한 내용에 대해서는 절대 입에 올려서는 안 된다는 것이다. 당신이 그것에 대해 다시 말하는 순간 반복 학습의 효과가 나타나 기억 속에서 지우기는 더욱 힘들어진다.

이 모든 과정에서 결코 당황하거나 동요를 보여서는 안 된다. 지금까지 매끄럽게 말하고 있던 당신이 갑자기 당황하여 말에 흐트러짐이 생긴다면 오히려 상대방의 기억에 남기 쉽다. 상대방이 '이 사람 왜 이렇게 당황하지?'라고 생각하기 시작한 순간, 잊혀져 가고 있던 '지난 밤 클럽 사건'이 다시 떠오를지도 모른다. 그러니 '20분 후 42% 망각'의 법칙을 굳게 믿으며 태연하게 계속 말하는 것이 현명하다.

마술사나 멘탈리스트들도 공연 중에 일어나는 돌발 상황 때문에 당황스러운 경우가 종종 있다. 공연자 본인에 의해 혹은 조명, 소품 등을 준비하는 스태프의 실수로 인해 돌발 상황이 발생할 때도 있다. 여러 가지 복합적인 이유로 공연이 매끄럽게 진행되지 못해 관객들이 이를 눈치채게 되고, 심지어는 공연이 일정 시간 중단되는 일도 생긴다.

하지만 능숙한 공연자들은 이것이 실수임을 절대 들키지 않는다. 앞서 이야기한 '깜박하기' 기법을 활용하여 실수 이전의 공연과 이후의 공연을 아주 자연스럽게 그리고 더욱 흥미진진하고 인상적이게 이어가는 능력이 탁월하기 때문이다.

여기서 가장 중요한 것은 이것이 마치 공연의 일부분인 것처럼 관객에게 연기를 해야 한다는 점이다. 그리고 정말 말도 안 되는 실수, 예컨대 공연자가 갑자기 쓰러진다거나, 병원에 실려 가는 사태가 아니라면 절대 실수를 입 밖으로 꺼내서는 안 된다. 당황하지 않고 자연스럽게 연기한다면 대부분의 관객은 그것이 공연의 일부분인 줄 안다. 그리고 조금 이상하다고 눈치를 챈 관객 역시 공연자가 흔들림 없이 공연을 이어 가면 자신이 잠시 착각을 했다고 생각하며 실수의 기억을 잊고 그냥 공연을 즐기게 된다.

2013년, 창원에서 매직 콘서트 투어를 할 때의 일이다. 창원의 일부 지역에 정전 사태가 발생하여 공연 도중에 여러 차례 정전이 되었다. 순간 아무것도 보이지 않았다. 10년 이상 큰 공연을 해 왔지만 반복되는 정전으로 인해 언제 어떻게 또 조명이 꺼질지 모른다는 불안감에 휩싸였다.

'다음 마술을 할 때 또 불이 꺼지면 어떻게 하지?'

'마지막 마술이 클라이맥스인데, 그때 불이 꺼지진 않겠지?'

하지만 나는 불안감을 감추고 정전이 되어도 마치 연출인 것처럼 재미있게 이야기하며 공연을 이어 갔고, 관객들은 정말 정전이 됐음에도 박수를 치며 웃기 시작했다.

나중에 공연 리뷰를 보니 인상적인 말이 적혀 있었다.

'공연장에 나와서 그 일대가 전부 정전되었다는 것을 알게 되었어요. 공연 중에 최현우 씨가 웃으며 정전인 것 같다고 말했는데, 그때는 그냥 연출인 줄 알았거든요.'

인간의 기억은 잊혀지기도 쉽고, 착각하기도 쉽다. 전혀 다른 이야기에 집중하게 만든다면 인간은 금세 거기에 몰두하여 앞의 이야기를 잊는다. 그러니 실수를 하더라도 당황하지 말고 상대방의 머릿속에서 당신의 실수를 망각의 저편으로 밀어 버려라. 되돌릴 수 없다면 아예 없었던 일로 만들어 버리는 것! 이 것이 바로 멘탈리즘의 치명적 매력 중 하나이다.

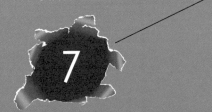

CHAPTER

7

첫 만남에서
모든 것이 결정된다

"목소리의 톤이 높아질수록 뜻은 왜곡된다.
흥분하지 말라.
낮은 목소리가 힘이 있다."

_유재석

지금 당신 눈앞에 신입 사원들의 정보가 적힌 종이가 있다. 둘 중 한 사람을 선택해야 한다면 당신은 누구에게 더 높은 점수를 주겠는가.

A. 똑똑하다. 근면하다. 비판적이다. 고집이 세다. 질투심이 강하다.

B. 질투심이 강하다. 고집이 세다. 비판적이다. 근면하다. 똑똑하다.

사회심리학자 솔로몬 애쉬(Solomon Asch)는 '초두효과'라는 이론을 내세워 우리가 낯선 사람과의 첫 대면에서 무엇을 먼저 접하느냐에 따라 그 느낌이 확연히 달라질 수 있음을 설명했다. 두 사람의 성격을 나열한 위의 리스트는 그가 초두효과를 설명하기 위해 실제로 사용한 것이다.

이미 눈치챘겠지만, 두 항목은 순서만 역순일 뿐 완전히 같은 내용이다. 하지만 어떤 내용을 먼저 접하느냐에 따라 우리가 갖는 느낌은 상당히 다르다. 실제로 애쉬는 이 두 항목을 따로 떼어 놓고 사람들에게 보여 준 뒤 각 인물의 성격에 대한 점수를 매기게 했다. 그 결과, A가 B보다 훨씬 높은 점수를 받았다. 애쉬는 그 이유에 대해 이렇게 설명했다.

"가장 먼저 접하게 되는 앞의 두 항목, 그중에서도 특히 가장 처음 항목의 내용이 대상을 평가하는 데 가장 큰 영향을 미친다."

애쉬 외에도 많은 학자가 첫인상의 위력과 중요성에 대해 말해 왔다. 한 심리학자는 이렇게 말했다.

"사람에 대한 인상은 처음 만나서 최초 7초 안에 결정된다. 그 후 상대와의 상황에 따라 변할 수도 있지만 처음 느낀 인상은 대부분 최대 반 년 정도는 변하지 않는다."

또 다른 연구 결과에 의하면 면접을 볼 때 면접관들은 지원자와 긴 대화를 나누지만 사실은 문을 열고 의자에 앉는 그 짧은 순간 동안 이미 마음속으로 '이 사람은 어떤 사람이겠다.'라는 생각을 하고 합격 여부를 결정한다고 한다.

첫인상과 관련된 다양한 이론이 말해 주듯이 상대방에게 좋은 인상을 심어 주기 위해서는 첫 만남에서 자신의 단점보다 장점을 먼저 노출시키는 것이 좋다. 특히 이성을 소개받기 위해 나간 소개팅 자리에서 너무 솔직한 모습을 드러내기보다 자신의 장점이 부각될 수 있는 말과 행동을 하는 것이 상대방에게 좋은 인상을 심어 줄 수 있다.

한편, 주도권을 쥘 필요가 있는 만남이라면 이 역시 첫인상에서 확실하게 이미지를 굳힐 필요가 있다. 이른바 기선 제압을 해야 한다. 이는 주로 비즈니스적인 만남에서 갑을관계가 분명하지 않을 때 활용하는 것이 좋다. 타인과 관계

성을 만들어 가는 가장 첫 단계에서 상대방으로 하여금 '주도권은 당신에게 있
다.'라는 생각이 들게 만든다면 이들과의 관계에서 리더는 자연스럽게 당신이
된다. 당신이 말을 하기 위해 입을 떼면 주변 사람은 자연스럽게 입을 다물고 당
신의 이야기에 귀를 기울일 것이다.

  회의와 미팅 자리에 앉았을 때 상대방이 먼저 말을 꺼내기를 기다릴 것이 아
니라, 당신이 먼저 질문을 던지며 화제를 건드려 보는 것도 주도권을 잡을 수 있
는 좋은 방법이다. 또 그날의 회의 내용과 관련된 다양한 정보를 사전에 완벽하
게 파악한 뒤에 대화를 주도하는 것도 큰 도움이 된다.

'멈춤'만으로도 상대방을 제압할 수 있다

대부분의 사람은 예측할 수 없는 행동을 하는 사람, 자신과 모든 면에서 잘 맞지 않는 사람을 불편해한다. 이는 단순한 불편함이 아닌, 자신이 잘 컨트롤하지 못할 것 같은 사람에 대한 두려움의 감정일 수도 있다.

타인에게 컨트롤당하지 않을 것 같은 인상을 풍기는 사람은 그만의 고유한 성향을 가진 사람, 자유스러움을 추구하는 성향을 가진 사람일 수도 있고, 일부러 그러한 인상을 연출하는 사람일 수도 있다. 어느 쪽이든 그러한 사람은 '장소를 지배한다.'라는 보이지 않는 파워를 가지고 있고, 실제로도 인간관계에서 주도권을 잡을 가능성이 크다.

어떠한 관계에서 주도권을 쥐는 것은 이후를 위해서도 매우 중요한 일이다. 첫 대면에서 주도권을 쥐지 못하면 이후에 늘 수동적으로 끌려 가는 존재로 이미지가 굳어질 수 있다.

당신이 원하는 것이 을이 아닌 갑의 위치라면, 즉 관계에 있어 적극적으로 리드하는 주도권을 쥐고 싶다면 평소 작은 것부터 훈련하고 시도할 필요가 있다. 예를 들어, 첫 대면인 사람에게 명함을 건넬 때 그냥 건네기보다 건네기 직전에 "아!"라고 작게 말하고, 뭔가를 떠올린 듯이 그 분위기를 정지시켜 보라. 0.3초 정도의 짧은 한마디만으로 주변 사람들이 당신에게 얼마만큼 주목하는지 알 수 있을 것이다.

그 외에도 첫 대면에서 당신이 주도권을 쥘 수 있는 방법은 매우 많다. 예컨대, 서로 자신을 소개하기 위해 명함을 꺼냈음에도 불구하고 당신은 상대방에게 명함을 건네지 않은 채, 그러나 상대의 명함은 이미 당신 가까이 와 있을 때 "그러고 보니 전화로 몇 번이나 대화를 나누었죠?"와 같이 말을 건네며 잠시 멈춤을 시도하는 것이다. 그러면 상대방은 '뭐야? 어중간하게 중간에 떠 버린 명함은 어떻게 하면 좋지?'라며 불안해할 것이다. 그 후, 상대방의 손이 어떻게 움직이는지 관찰해 보라.

'명함 교환은 일단 중지인 걸까?'라고 생각하고 손을 끌어당기는 사람도 있을 것이다. 한편, 명함을 들고 있는 손을 여전히 공중에 둔 채, 어떻게 하면 좋을지 몰라 가만히 있는 사람도 있을 것이다.

뇌는 서로가 명함을 꺼내 상대방의 손에 쥐어 주는 그 순간까지를 '명함 교환'으로 알고 있다. 또 손을 내밀고 상대의 손을 잡을 때까지의 일련의 동작을 '악수'라고 인식하고 있다. 그렇기 때문에 도중에 당신이 동작을 멈추면 상대방의 뇌는 혼란을 느낀다. 소위 말해, 멘붕의 순간이 오는 것이다.

이처럼 상대방을 수동적으로 만들고, 자주적 판단을 눌러 버린 상태를 '강경증(catalepsy)'이라고 한다. 강경증이란, 타동적으로 강요된 자세를 지속적으로 취하고 있는 정신 증상의 하나이다.

나는 마술 공연을 할 때 카드를 맞히거나 뽑기 전에 일부러 멈칫하는 동작을 한다. 그러면 상대방은 '앞으로 어떤 일이 일어나는 거지?'라는 생각을 하게 된다. 상대방이 그런 상태가 되어야 유도 암시를 쉽게 걸 수 있고, 이후부터 나의 페이스대로 공연을 진행할 수 있다.

갑이 되고 싶다면 악수하기에서 우위를 점하라

당신은 지금 막 텔레비전 채널을 전환했다. 한 번도 본 적이 없어 등장인물은 물론, 줄거리도 알지 못하는 드라마가 방송되고 있다. 그때 A와 B가 악수를 하는 장면이 나온다. 두 사람은 동일한 연배로 보이고 깔끔한 수트를 입고 있다. A가 먼저 손을 내밀고 B가 흔쾌히 악수에 응한다. 권력학적인 관계에서 A와 B 중 누가 더 우위를 점령하고 있을까?

악수는 사람과 사람이 만날 때 가장 첫 번째로 하는 일이다. 물론 동양에서는 인사를 먼저 한 뒤, 악수는 나이나 지위 등에서 상위에 있는 사람이 먼저 건네는 것이 예의이다. 반면 서양에서는 나이나 지위 등에 따른 예법이 따로 정해져 있지는 않지만 관계학적으로 본다면 동일하다.

악수를 할 때 누가 먼저 손을 내미느냐는 관계의 권력학적인 부분을 파악하는 데 아주 중요한 요소이다. 위의 질문에서 당신은 A가 B보다 권력적으로 위에 자리하고 있다고 확신했을 것이다. 악수를 할 때는 나이나 지위 등에서 윗사람, 갑과 을 중에 갑이 먼저 손을 내미는 것이 일반적이기 때문이다. 즉 동서양을 막론하고 악수를 할 때는 권력학적으로 위에 있는 사람이 먼저 손을 내민다.

이처럼 악수하기에 숨겨진 권력적 관계를 멘탈리즘에 유용하게 활용하여 당신이 원하는 것을 얻을 수 있다. 나이든 지위든 확연하게 갑을관계가 드러난다면 당신은 그 역할에 충실하면 된다. 하지만 갑과 을이 정해져 있지 않은 관계에서 당신이 갑의 위치를 장악하고 싶다면 당연히 악수를 할 때 먼저 손을 내밀어야 한다. 당신이 상대방에게 손을 먼저 내미는 것은 '당신과의 관계에서 나는 우위를 점하고 있다.' 혹은 '당신은 내 아래에 있는 사람이야.'라는 의미를 내포하고 있기 때문이다.

마술 공연을 할 때 나는 관객과의 관계에서 당연히 갑이 되기 위해 다양한 멘탈리즘을 활용한다. 갑이 되어 을인 관객을 이끌지 못하면 그날의 공연은 실패했다고 봐야 한다. 그중 한 가지가 '먼저 악수 건네기'이다. 갑과 을이 명확하지 않은 관계에서 갑의 위치를 장악하기 위한 행동이다.

이때 몇 가지 트릭을 추가할 수 있다. 본격적인 공연을 하기 전에 관객을 선정하여 무대 위로 올라오게 하는 경우가 있다. 일단 나는 무대에 올라온 관객에게 악수를 청한다. 이때 내 손등의 위치를 약간 위쪽으로 향하게 한다. 그러면 상대방은 심리적으로 내게 종속된다. 실제로 이런 경우 그 관객은 마술사가 이끄는 대로 흐름을 따를 가능성이 크다.

대통령을 비롯하여 높은 지위의 관직에 있는 사람, 유명인사 등도 이와 같은 방법을 사용하여 갑의 위치를 차지함은 물론 상대방을 자신에게 종속시킨다. 뉴스를 볼 때 유명인사가 누군가와 악수하는 모습을 자세히 살펴보도록 하라. 관계학적으로 위에 있는 사람, 즉 갑인 사람들의 손등 위치가 상대방보다 위에 있는 것을 확인하게 될 것이다. 첫 악수는 상대방을 지배할 수 있는 아주 강력한 신체 언어이다.

좀 더 강력하게 '나는 당신 위에 있는 사람이야.'라는 메시지를 주는 악수법도 있다. 오른손으로 악수할 때에 왼손으로 상대방의 손등을 감싸고 같이 흔드는 '파워 쉐이크 핸드'가 바로 그것이다. 이 행동만으로도 상대방의 오른손은 움직임이 상당히 제한되고, '주도권을 쥐고 있는 것은 바로 나야.'라는 메시지를 상대방에게 전달할 수 있다.

또한 오른손으로 악수를 할 때 왼손으로 상대방의 오른손 위에 겹치는 것도 효과가 좋다. 이것 역시 내가 당신보다 우위에 있음을 알리는 무언의 표시이다. 특히 악수라는 문화가 있는 환경에서 이는 더욱 효과적이다.

단, 아시아권에서는 어른을 공경하는 문화가 있기 때문에 나이가 어린 사람들은 조심해서 사용해야 한다. 만약 상대방도 이러한 정보를 알고 있어서 당신의 오른손 위에 자신의 왼손을 올려놓는다면 그 상황을 잘 넘겨야 한다. 그것이 가능하다면 관계는 대등한 상태에서 시작할 수 있다.

한편, 비즈니스나 연애 등에서 상대방에게 '당신을 존중하고 있습니다.'라는 인상을 심어 주기 위해 을의 위치로 내려가야 할 때가 있다. 일보전진을 위한 이 보후퇴의 상황이다. 이럴 경우에 상대방이 알아서 갑의 행동을 한다면 순순히 그에 응해 주면 된다.

하지만 상대방이 소극적이라면 자연스럽게 그가 갑의 위치에 설 수 있도록 유도하면 된다. 즉 악수를 할 때 상대방이 먼저 손을 내밀기를 기다려 준 뒤에 손을 아래로 하여 자연스레 상대방의 손등이 위로 가게 해 주는 것이다. 이런 작은 배려만으로도 상대방은 당신이 자신을 존중하고 있다는 것을 느끼고 감동을 받게 된다.

거리를 좁히고 관계성을 만들어라

비즈니스를 하다 보면 새로운 사람, 즉 생전 처음 얼굴
을 맞대는 사람과 만날 일이 많다. 나 역시 공연장에서
공연을 하다 보면 처음 만나는 사람이 많다. 연애든,
우정이든, 비즈니스든 모든 인간관계는 이러한 첫 대
면의 순간부터 마음의 거리를 좁히기 위한 정성을 기
울이지 않으면 그 이후의 발전을 기대하기 어렵다.

앞서 언급했듯이, 자신의 영토라고도 할 수 있는 개인 공간(Personal Space)
은 상대방과의 친밀도에 의해 변화한다. 친한 만큼 상대방과의 물리적 거리는
가까워지게 마련이다. 이를 거꾸로 생각해 보면 친해지고 싶은 사람이 있을 경
우 그와의 물리적 거리를 한 번에 좁혀 버림으로써 급속하게 친해질 수 있다.

대부분의 심리학 책에서는 상대방과 나의 거리를 '얼마나 자연스럽게 좁혀
나갈까.'에 대해 말하고 있다. 하지만 멘탈리즘에서는 여기서 한 걸음 더 나아
가 내가 움직이는 것이 아니라 상대방의 무의식을 움직이게 하여 그가 먼저 내
쪽으로 다가오도록 유도하는 것을 중요하게 생각한다. 내가 먼저 다가가는 것
은 자칫 상대방에게 거부감을 주기 쉽고, 관계의 주도권을 뺏길 우려가 있기 때
문이다.

나는 누군가와 친해지고 싶을 때 간단한 마술로 그의 흥미를 끄는 경우가 많
다. 개인 공간을 지켜 주는 정도의 적당한 거리에서 간단한 마술을 보여 주면 상
대방은 매우 신기해하며 내 손 안을 들여다보기 위해 스스럼없이 내 쪽으로 다

가온다. 눈앞의 현상에 흥미를 가진 덕분에 무의식 속에 자신이 먼저 개인 공간을 좁혀 오는 것이다. 상대방이 자발적으로 다가온 것이기 때문에 경계당할 필요도 없다. 이처럼 마술은 상대방의 개인 공간을 한 번에 좁힐 수 있는 엄청난 힘이 있다. 그러나 나와 같은 프로 마술사가 아닌 사람들이 마술을 보여 줄 수 있는 것은 특수한 케이스이다.

그렇다면 마술과 비슷한 효과를 낼 수 있는 일반적인 예를 들어보겠다. 비즈니스 장소에서 빈번하게 볼 수 있는 '명함 교환'으로도 상대방을 충분히 무장 해제시켜 내게로 다가오게 할 수 있다.

서로 모르는 사이라면 보통은 1m 이상 떨어져 있는 것이 자연스럽다. 그러나 명함을 교환하는 순간만큼은 부드럽게, 경계심 없이 서로에게 다가갈 수 있다. 명함을 교환하기 위해서는 서로의 손이 자연스럽게 닿을 수 있는 거리까지 가깝게 다가가야 한다. 이때 가능한 한 당신이 움직이지 않고 상대방이 당신 쪽으로 다가오도록 하는 것이 중요하다.

상대방이 당신에게 다가오는 방법을 관찰함으로써 그의 성격을 짐작할 수 있다. 그의 성격을 파악한다면 이후 그와의 관계를 더욱 발전적으로 이끄는 데 도움이 되는 많은 힌트를 얻을 수 있다.

우선, 맨 처음부터 별다른 거부감 없이 가깝게 다가오는 사람은 짧은 시간에 마음을 허락하는 타입이다. 이런 경우, 둘 사이 관계의 주도권을 내가 확보할 확률이 높거나 상대방의 성격이 원래부터 밝은 성격일 가능성이 크다.

반면, 한순간 다가온다 해도 또다시 거리를 갖는 사람은 경계심이 강하고, 벽을 만들기 쉬운 타입이다. 또한 명함을 재빨리 주고 다시 원래의 자리로 돌아가는 속도가 빠른 사람은 아직 마음의 문을 열지 않았거나 개인적인 감정을 배제한 채 재빨리 협상을 시작하자는 신호일 가능성이 크다. 벽을 만들기 쉬운 사람에게 당신이 먼저 억지로 다가가면 상대방이 도망가는 것은 당연하다. 그렇기 때문에 이러한 사람이야말로 상대방이 먼저 개인 공간을 좁혀 오도록 유도해야 한다.

한편, 상대방이 들어오기 바라면서 명함을 주는 자세로 가만히 서 있는 타입의 사람은 관계나 협상의 주도권을 쥐고 싶어 하며, 고압적인 자세로 상대방을 누르려고 하는 성향일 가능성이 높다. 일대일로 동등하게 협상해야 하는 자리라면 절대 당신이 먼저 상대방의 공간 안으로 들어가서는 안 된다.

이럴 경우 당신은 상대방을 움직이게 하여 우위성을 연출해야 한다. 상대 쪽이 당신의 공간에 들어오기 쉽게 하기 위해서는 무언가를 건네받는 상황을 만들어야 한다. 예를 들면, 자료를 건넬 때 당신이 다가가는 것이 아니라 일부러 조금 떨어진 곳에 두는 것이다.

다소 거리가 멀다면 상대방은 당신이 자신을 괴롭히는 것이라고 생각할 수도 있다. 따라서 상대방이 자연스럽게 손을 뻗어서 잡을 수 있는 거리에 두는 것이 이상적이다. 그로 인해 상대방이 당신의 영역에 들어가고, 당신에게 다가가는 것에 익숙해질 것이다.

또한 아무렇지 않게 당신의 소지품을 상대편 쪽에 떨어뜨리고 그에게 주워 달라고 하는 것도 효과적인 방법이다. 노트북이나 자료를 활용한 미팅이라면 당신의 자료와 노트북 화면을 상대방이 들여다볼 수 있도록 유도하는 방법도 괜찮다.

빛을 활용해 아우라를 만들어라

상대방과 첫 대면일 때 혹은 중요한 프레젠테이션을 할 때에는 당신의 앉는 위치가 매우 중요하다. 조명이 있다면 조명을 등지고 앉고, 창문이 있는 방이라면 창을 등지고 앉는 것이 좋다.

이렇게 '조명을 등진 위치'만으로도 당신의 존재를 크게 보이게 할 수 있다. 우선 시각적으로 볼 때 조명을 등지고 있는 형태의 역광은 콘트라스트, 즉 명암의 대비가 크기 때문에 상대방에게 강한 인상을 심어 줄 수 있다. 또한 뒤에서부터 빛이 보이면 상대방은 당신의 표정을 쉽게 읽지 못하기 때문에 당신에게 위축감을 갖게 된다.

뿐만 아니다. 당신이 빛을 등지고 앉음으로써 상대방은 당신을 바라보기 위해서 빛의 방향을 바라보아야 한다. 그런데 빛의 방향을 오랫동안 보고 있으면 인간의 눈은 피로감을 느낀다. 청각의 경우는 고막이 있고, 미소골이라는 뼈가 세 개 정도 있는데, 그것은 신경에 연결되어 있어 상대적으로 피로감을 덜 느끼게 된다.

하지만 눈은 겉으로 보이는 그것이 그대로 신경에 연결되어 있기 때문에 피로감을 쉽게 느낀다. 그래서 상대방을 피로하게 만들고 싶을 때에 시각을 자극하는 것이 가장 좋다. 게다가 시신경이 피로할 때 인간이 수동적으로 되는 것은 이미 실험을 통해서도 증명되었다.

빛을 통해 시신경을 자극함으로써 상대방을 피로하게 만들면 그는 수동적으로 변하게 된다. 이렇게 상대방이 수동적으로 되면 당신으로부터의 암시가 들

어가기 쉽고, 당신이 주도권을 잡을 확률이 더욱 높아진다. 그로 인해 상대방은 당신이 제시하는 것을 받아들이기가 더욱 쉬워진다.

사실 빛을 활용한 멘탈리즘 기법은 최면의 영역에 들어간다. 해외의 최면술가 중에는 상대방을 최면에 더욱 잘 빠져들게 하기 위해 자신만의 전용 조명을 가지고 있는 사람도 있고, 심지어 4초에 한 번씩 1초 동안 광도가 떨어지는 특별한 조명을 사용하는 사람도 있다.

나는 매직홀이라는 한 텔레비전 프로그램에서 미국 최고의 최면술사 조슈아 세스(Joshua Seth)와 대결을 한 적이 있다. 이때 그는 특수한 조명을 바닥에 깔고 사람들에게 15분 정도 최면을 걸었다. 방송에서는 시간상 최면을 거는 과정을 생략하여 시청자들은 이에 대해 알지 못했지만, 그는 매우 밝은 노란 조명을 등지고 계속해서 최면을 걸었다. 그의 등 뒤에서 비치는 불빛 때문에 사람들은 더욱 쉽게 최면에 빠져들 수 있었다.

이러한 효과를 회의에서 활용하는 경우, 당신이 빛을 등지고 앉으면 상대방의 판단력을 빼앗아 당신의 의견에 동의하게 만들기 쉽다. 회사의 회의실에 창문이 있거나 당신이 회의 장소를 지정할 수 있는 때에는 그런 공간을 만들어 의도적으로 연출하는 것이 가능하다.

만약 회사의 회의실에 창문이 없다면 불빛의 강약을 이용하는 것도 좋다. 즉 회의실로 향하는 복도의 불빛을 '절전'을 핑계로 조금 어둡게 해 두고, 회의실 내의 불빛 또한 조금씩 조절하여 당신이 앉을 자리 뒤쪽을 가장 밝게 만들어 두는 것이다.

이러한 조명의 효과는 이성을 유혹할 때도 유용하게 활용할 수 있다. 소개팅이나 미팅을 위해 커피숍을 가더라도 태양을 등지거나 밝은 조명을 뒤에 두고 앉는 것이 호감을 사는 데 큰 역할을 한다. 마치 부처님, 예수님처럼 당신에게서 아우라가 뿜어져 나오는 듯한 착각을 일으켜 상대방은 당신에게 강하게 매료될 것이다.

CHAPTER

8

나를 좋아하게
만드는 특별한 기술

"타인의 마음을 얻는 확실한 방법은
누구를 대하든 자신이 아랫사람이 되는 것이다.
그러면 저절로 자세가 겸손해지고,
이로써 상대방에게 좋은 인상을 안겨 준다.
결국 상대방은 마음을 연다."

_요한 괴테

　내가 사랑하는 사람이 나를 사랑하는 것은 기적과도 같은 일이다. 사랑이 아름다운 것은 어쩌면 상대방을 홀로 좋아하며 그의 마음을 얻기 위해 온갖 정성과 마음을 쏟은 시간들이 있기 때문이 아닐까. 그런데 이때 멘탈리즘을 활용한다면 마음에 두고 있는 사람과 더욱 빨리 가까워질 수 있다. 이는 연애뿐 아니라 인간관계를 맺어야 하는 모든 상황에 적용할 수 있다. 사적인 관계이든, 비즈니스 관계이든 거리를 좁혀 놓으면 이후에 많은 도움을 받을 수 있다.

　대부분의 사람이 친한 관계의 사람이 무언가를 부탁하거나 요청하면 잘 거절하지 못한다. 크게 문제가 되지 않거나 힘든 것이 아니라면 웬만해서는 'YES'라고 답한다. 이러한 심리를 역이용하며 상대방이 당신의 제안에 'YES'라고 말하게 하기 위해서는 당신이 제안한 기획이나 상품이 훌륭해야겠지만, 그에 못지않게 상대방이 당신에게 얼마나 친근감을 느끼느냐도 중요하게 작용한다.

　잘 모르는 사람과 혹은 지금껏 그리 친하지 않았던 사람과 친해지기 위해서는 이렇게 노골적으로 자신의 의사를 표현하는 것이 좋다.

"당신에 대해 더 많은 것을 알고 싶어요."
"당신과 친해지고 싶어요."

상대방은 당신의 적극적이고 노골적인 모습에 한 걸음 뒤로 물러날지도 모른다. 상대방의 마음을 배려한다면 직접적인 언어적 표현보다 비언어적인 요소를 사용하여 다양한 측면에서 공략하는 것이 더 효과적이다.

미국의 심리학자 앨버트 메라비언(Albert Mehrabian)은 자신의 논문에서 이렇게 밝혔다.

의사소통을 할 때 말의 내용은 7% 정도밖에 영향을 미치지 못한다.
반면, 행동이나 표정, 음성이나 어조와 같은 비언어적인 요소는
93%의 영향력을 미친다.

즉 사람이 말을 통해 전하는 실질적인 메시지는 사실 상대방에게 거의 전해지지 않으며, 그 외에서 나온 무언의 메시지가 더 크게 전해진다는 것이다. 이때 비언어적 요소 중 최고가 바로 시선으로 자신의 마음을 전하는 것이다.

이것은 '첫눈에 반하기'의 조건이기도 하다. 첫눈에 반하는 사람들은 무의식적으로 상대방의 눈을 5~7초 동안 바라본다고 한다. '어라? 겨우 그것뿐이야?'라고 생각할 수도 있지만, 우리가 평소 상대방과 아이 콘택트(eye contact)하는

시간이 보통 1초 정도인 것을 안다면 5~7초는 엄청나게 긴 시간임을 깨달을 수 있을 것이다.

실제로 시험을 해 보면 타인과 3초 동안 눈을 마주치는 것이 얼마나 힘든지 알 수 있을 것이다. 그렇기 때문에 첫 대면으로 상대방의 눈을 그만큼 길게 바라볼 수 있는 것은 '특별한 행위'이며, 확실히 첫눈에 반하는 특징적인 행동이 되는 것이다.

멘탈리즘적으로 해석하면, 5초 이상 상대방의 눈을 말없이 바라보는 것으로 그에게 특별한 감정을 주는 것이 가능하다. 이는 '이 사람, 어쩌면 나를 좋아하는 것일지도 몰라.'라는 느낌을 받게 만든다. 먼저 고백하는 것이 힘든 사람은 이런 행동을 해 보고, 상대방이 어떻게 나오는지 관찰해 볼 필요가 있다.

처음에 상대방에게 그다지 좋은 인상을 주지 못한 경우에는 주의해야 한다. 당신이 너무 오랜 시간 상대방을 바라보면 그는 '기분 나쁘다.'라고 생각되어 역효과가 일어날 가능성이 크다. 상대방의 눈을 바라보기 전에 그가 자신을 어떻게 생각하고 있는지 확인한 뒤 실천하기 바란다.

친근감을 갖게 하는 터치 효과

상대방의 몸을 스치는 보디 터치는 상대방에게 친근감을 갖게 하는 효과가 있다. 이는 낯선 관계에서도 적용되는 법칙이다. 미시시피 대학에서는 이런 연구 결과를 내놓기도 했다.

> 아주 자연스러운 상황에서, 고객의 손과 어깨 등을 가볍게 스치는
> 웨이트리스는 그렇지 않은 사람보다 고객의 팁을 받을 확률이 크다.

또 다른 연구에서는 누군가가 팔을 가볍게 만지면 그 사람이 요청한 것을 도와줄 확률이 27% 증가하고, 2회 이상 만지면 효과는 더욱더 높아진다는 결과를 내놓았다. 그러니 부탁을 할 때까지 얼마나 자연스럽게 터치할 수 있는지가 YES와 NO를 결정하는 중요한 요소가 된다. 물론, 자신의 몸을 만지는 것을 싫어하는 사람도 있을 테니 주의하기 바란다.

EBS 실험팀과 중앙대 임상심리 연구팀이 '이성 간 스킨십과 호감도'를 주제로 실험을 했다. 그 결과, 대부분의 남성은 낯선 여성이 스킨십을 하면 더 높은 호감을 느꼈지만, 여성의 경우 낯선 남성이 반복적으로 스킨십을 하면 호감도가 크게 떨어졌다.

처음 만난 사이이거나 아직 친하지 않은 단계에서 하는 스킨십은 '자연스러움'이 가장 중요한 요건이다. 자연스럽지 못하면 친해지기 위해 시도한 스킨십 때문에 치한으로 몰리거나 관계가 멀어질 수도 있다. 상대방의 어느 부분을 만

질 것인지 결정한 뒤 한두 번 정도 우연을 가장한 스킨십을 하는 것이 좋다.

상대가 여성인 경우, 부적절한 부분을 만지면 상대방은 필요 이상으로 긴장하거나 기분이 상할 수도 있다. 물론 이는 여성에게만 해당되는 것이 아니다. 남녀 모두 경계심을 갖지 않을 정도의 스킨십을 해야 한다.

스킨십을 할 때는 상박부(팔꿈치 윗부분에서 어깨까지의 팔)를 만지는 것이 가장 안전하다. 바로 이곳이 심리학적 특성상 마음의 문을 열 가능성이 큰 신체 부위이기 때문이다. 나 역시 공연 도중에 관객을 무대 위로 모실 때, 관객을 안심시키고 마음의 문을 열기 위해 팔꿈치 쪽을 잡고 무대 위로 자연스럽게 안내하곤 한다.

상박부를 만지기에 가장 쉬운 상황은 입구에서 상대방을 안쪽으로 안내할 때, 어떠한 공간에서 자리를 권할 때, 출구를 가리킬 때 등이다. 또한 데이트를 할 때 상대방이 옆자리에서 앉아 있는 상황이라면 대화를 나누면서 아래팔(팔꿈치 이하)을 만지는 것도 효과적이다.

간혹 아직 거리감을 좁히지 않은 데이트 대상의 등을 만지는 경우가 있다. 남성이 갑자기 여성의 등을 만지면 여성은 순간 당황하여 경계심을 갖는다. 이는 남성 역시 마찬가지이다. 등은 자신이 볼 수 없는 부위이기 때문에 누군가가 갑자기 만지면 당황함은 물론 '조금은 무섭다.'라는 감정이 생기기도 한다. 그러니 스킨십을 할 경우에는 반드시 상대방이 볼 수 있는 범위를 선택하는 것이 적절하다.

남을 배려하는 성격일까?
자기중심적인 성격일까?

인간은 타인을 배려한다고 생각하지만 사실 자기중심적인 면이 굉장히 많다. 1997년에 《US NEWS AND WORLD REPORT》에서 미국인들을 대상으로 '누가 천국에 갈 확률이 높은가?'라는 질문을 던졌다. 이 질문에 빌 클린턴 대통령은 평균 52%, 다이애나 황태자비는 60%, 오프라 윈프리는 66%, 마더 테레사는 79%라는 수치를 보였다. 그런데 본인이 천국에 갈 확률에 대해서는 평균 87%라는 수치가 나왔다고 한다. 본인이 테레사 수녀보다 더 훌륭하다고 생각하고 있는 것이다.

내가 타인보다 더 뛰어나다고 생각하는 '자기중심성'은 모든 사람이 가지고 있으며, 매우 본능적인 것이다. 즉 자기중심성은 다른 사람보다 더 뛰어나 보이고자 하는 욕구와 위험을 회피하고자 하는 욕구에 기반을 둔 것이다.

자기중심성의 정도는 사람에 따라 차이가 있는데, 테레사 수녀, 김수환 추기경 같이 인격적으로 성숙한 사람일수록 자기중심성이 낮고, 직급 사회에서 성공한 사람일수록 자기중심성이 높다. 또한 자기중심성은 나이와도 관계가 있다. 나이가 어릴수록 자기중심성이 높으며, 나이가 들수록 자기중심성이 낮다. 나이가 들면 사람들의 성향이 대체로 부드러워지는 이유가 바로 여기에 있다.

자기중심성의 개인별 차이는 'E자 테스트'를 통해 간단히 확인할 수 있다. 펜으로 이마에 알파벳 E를 그려 보라. 이때 누군가가 자신을 보고 있다고 생각하는 것이 중요하다. 이 테스트에서 자기중심성의 수준에 따라 이마에 알파벳 E자를 쓰는 방법이 다르게 나타난다.

그림처럼 나를 중심으로 E자를 쓰면 자기중심성이 높은 사람이며, 반대로 남에게 보이는 대로 E자를 쓰면 자기중심성이 낮은 사람이라고 한다. 일반적으로 그림처럼 자기중심적으로 글자를 쓰는 비율이 70%를 넘는다고 한다.

닮아야 좋아한다

미국의 사회심리학자 머스타인(Murstein, B. J.)이 발표한 연애가 성립하는 SVR 이론(S : 첫 만남 단계, V : 본격적인 교제가 시작하는 단계, R : 연애가 안정기에 들어가는 단계)에 의하면, 연애의 초기 단계에서는 대부분의 사람이 자신에게 호의를 가진 사람에게 호의로 돌려준다고 한다. 즉 '웃는 얼굴에 침 못 뱉는다.'라는 우리 속담처럼 호의를 표현해 오는 사람에게 군이 쌀쌀맞게 대할 필요가 없기 때문인지도 모른다. 따라서 좋은 감정을 느끼고 있는 사람이 있다면 그것을 얼마나 상대방에게 잘 전하는지가 중요하다. 그러면 분명 그 호의가 다시 호의로 돌아올 가능성이 크다.

상대방에게 호의를 표현하고, 나아가 그의 호의를 끄집어내기에 가장 효과적인 것이 바로 '우린 닮았어 기법'이다. 즉 생각이나 느낌, 가치관, 심지어 행동이 상대방과 유사한 점이 있다면 호의를 가지지 않으려야 않을 수 없다. 그래서 상대방과의 원활하고 긍정적인 소통을 원할 때 대부분의 사람이 상대방과의 공통 화제를 찾는다.

나는 최근에 인상적인 스팸 전화 한 통을 받았다. 무심코 받았는데, "안녕하세요. 저는 ○○텔레콤의 ○○○입니다."라는 멘트가 들렸다. 순간 마음속으로 '이런!'을 외치고 전화를 끊으려고 했다. 그런데 안내원이 이렇게 물어보는 것이 아닌가.

"죄송한데요. 고객님의 컬러링이 뭔지 알 수 있을까요?"

생각지도 못한 질문에 당황한 나는 "네?"라고 되물었고, 안내원은 "컬러링이 너무 좋아서요. 많이 들어본 노래인데 제목이 생각나지 않아서요."라고 말했다. 나는 나도 모르게 그 노래의 제목을 알려 주었다. 그러자 그 안내원이 기뻐하며 이렇게 말했다.

"아~ 맞다! 제가 정말 좋아하는 노래예요. 저랑 취향이 비슷하시네요. 아! 그런데요. 바쁘지 않으시면 잠시 시간을 내 주실 수 있으실까요? 잠시만 제 이야기를 들어주세요."

안내원은 내게 '우린 닮았어 기법'을 사용한 것이다. 뿐만 아니라 그는 내가 이후 설명할 '미러링 기법'과 '닻 내리기 기법', 'Foot in the Door technic'을 동시에 구사했다. 덕분에 안내원은 나와 대화를 나누는 데 성공했다.

이런 일이 가능한 것은 심리학적으로 볼 때 유사성과 공통성을 확인한 순간 마음의 방어막이 느슨해지고 안심하게 되기 때문이다. 이처럼 첫 만남에서 서로 닮아 있는 점과 공통점을 찾는 것은 서로의 호의를 끄집어내는 데 큰 효과가 있다.

물론 사람의 성향은 제각각이다. 자신에 대해 말하는 것이 능숙하지 못한 사람도 있고, 적극적으로 마음을 열어 말하는 사람도 있다. 하지만 인간은 근본적으로 상대방이 나를 알아주길 바라는 마음을 가지고 있기 때문에 상대방의 호의를 끄집어내기 위해서는 질문하는 것부터 서서히 시작하면 된다.

누군가와 친해지기 위해서는 우선 그와 관련된 것에 관심과 흥미를 가져야 한다. 관심이 있지 않으면 궁금함도 생기지 않는다. 그러니 상대방과 관련된 것들에 관심을 가지다 보면 자연스럽게 궁금한 것들이 생겨난다. 사교적인 사람은 대부분 이런 것을 무의식적으로 실천하고 있다.

평소 무엇을 하며 지내는지, 무엇을 하면 즐거운지, 무엇을 좋아하는지, 무엇을 싫어하는지 등 상대방에게 많은 질문을 함으로써 당신이 그에게 흥미를 가지고 있다는 것을 넌지시 알릴 필요가 있다. 단, 상대방을 심문하는 듯한 느낌의 말투가 되어 버리면 역효과가 날 수 있다. 인터뷰어가 된 자신을 상상하며 이야기하는 것이 이상적이다.

그리고 질문하는 방식 역시 상대방의 성향을 고려하고 배려해야 한다. 예를 들어 상대방이 친하지 않은 사람에게 자신을 오픈하는 것을 두려워하는 타입이라면, 당신의 이야기를 먼저 함으로써 '나는 이런 사람입니다.'라고 안심시켜 준 뒤 질문을 해야 상대방이 마음을 열 가능성이 크다.

상대방에게 질문을 한 뒤 답을 들었다면 '우린 닮았어 기법'을 사용하여 그의 호의를 끌어내야 한다. 실제로 나를 비롯한 많은 멘탈리스트가 관객의 호의를 끄집어내고 호응도를 높이기 위해 이 기법을 자주 사용한다. 무대 위로 관객 한 사람을 모신 뒤 먼저 그의 성격에 대해 이야기를 시작한다. 이때 사용하는 기법이 앞에서 언급했던 '바넘 효과'이다.

"제가 당신과 이야기해 본 결과, 당신은 소심하면서 때로는 대범한 면이 존재합니다. 평소에 사람들은 당신을 이기적이라 생각하지만 사실 당신은 상처를 잘 받고 상대방을 누구보다 배려하는 사람입니다. 우연하게도 저의 성격 역시 당신과 비슷합니다."라고만 말하면 상대방은 눈을 반짝거리며 내 말에 귀를 기울인다. 공통점을 발견하면 상대방은 더욱 깊게 몰입하고 당신의 이야기가 마치 자신의 이야기인 것처럼 느낀다. 그로 인해 호감도 역시 상승한다.

상상을 자극하는 화술로 마음을 얻어라

일본의 한 마술사가 두 경우를 제시하고 어느 것이 더 신기한지 설문조사를 했다. 당신은 어느 것이 더 신기하게 여겨지는가?

1. 마술사가 손에 동전을 올려놓고 손이 펴 있는 상태에서 갑자기 사라지게 하는 것	2. 마술사가 손에 동전을 쥐고 사라지게 할 것이라고 말한 뒤에 사라지게 하는 것

결과는 어땠을까? 결과는 나의 예상을 뒤엎었다. 언뜻 보기에는 1번이 훨씬 더 신기할 것 같지만 실제 공연에서 사람들을 더 놀라게 한 것은 2번이었다. 동전을 손에 쥐고 곧 있으면 사라진다고 말한 순간부터 사람들은 수많은 상상을 하게 된다는 것이다.

'주먹 안에 장치가 있나?'
'동전이 정말 사라질까?'
'어떻게 사라지게 되지?'

마술에 있어서도 언어로 상상력을 더 자극해서 효과를 배가시키는 것이 가장 이상적이다. 단지 트릭에서 그치는 것이 아니라 상대방이 '정말 이것이 이루어질까?' 등의 생각을 할 수 있도록 만들고, 마침내 관객의 고정관념을 깨트리는 순간 최상의 마술을 이루어 낼 수 있다.

위의 실험에서도 알 수 있듯이 상상을 하게 하는 화법은 사람의 마음을 조작하는 데 매우 절대적이다. 남녀 간의 대화에서도 눈에 보이는 현상에 대한 직설적인 표현보다는 좀 더 디테일한 묘사나 호기심을 유발하고 상상을 자극하는 화법을 구사하는 것이 좋다. 이럴 경우 이성은 많은 상상을 하게 되고, 그것이 곧 당신에 대한 호감으로 이어질 수 있기 때문이다.

누가 봐도 아름다운 여성이 당신의 소개팅 상대로 나왔다. 당신은 그녀에게 아름다움을 칭찬하고 싶어 망설이지 않고 이렇게 말한다.

"우와! 정말 아름다우세요."
"당신처럼 이렇게 아름다운 여성은 처음이에요!"

과연 그녀는 당신에게 호감을 느낄까? 짐작컨대 그녀는 당신의 칭찬에 별다른 감흥을 느끼지 못했을 것이다. 누가 봐도 아름다운 그녀에게 '아름답다'는 칭찬은 어찌 보면 칭찬이라기보다 너무나 당연한 사실의 전달일 뿐이기 때문이다.

누군가에게 말을 건다거나 칭찬을 할 때 '있는 그대로, 느낀 그대로의 인상'을 전하는 것은 그리 바람직하지 않은 대화법이다. 어찌 보면 욕이나 비난 다음으로 최악일 수 있는 대화법이다.

아름다운 외모를 가지고 있는 사람에게 "아름다우시군요.", 헤어스타일이 예쁜 사람에게 "헤어스타일이 좋네요."와 같이 칭찬을 한다면, 비록 불쾌한 기분이 들지는 않겠지만 그렇다고 해서 당신의 존재를 상대방에게 인식시키는 데 성공하지도 못할 것이다. 안타깝게도 상대방에게 당신의 말은 '기쁘지만 보통인 말'이 될 것이고, 존재감 역시 다른 사람과 크게 다르지 않을 것이다.

눈에 보이는 대로 가식 없이 칭찬하는 것은 두 사람의 관계가 가까울 때 효과가 있다. 이미 친해진 사이인데 지나친 미사여구를 사용하면 상대방은 '혹시 나에게 아부를 해야 할 만한 일을 한 것은 아닐까?'라는 엉뚱한 의심을 할 확률이 크다.

하지만 맨 처음 만남에서 자신의 존재를 어필한다거나, 상대방으로부터 신뢰를 얻기 위해서는 조금 다른 방법으로 접근하는 것이 필요하다. 예를 들어 "헤어스타일이 좋네요."라고 말하는 것보다 "우와! 제가 지금까지 본 여자분들 중에서 세 번째로 헤어스타일이 아름다워요!"라고 표현해 보라. 그러면 상대방은 이렇게 말하며 반응을 보일 것이다.

"그럼 첫 번째, 두 번째는 누구예요?"

이때 당신은 이런 식으로 말하면 된다.

"음, 첫 번째는 미란다 커예요. 지난번에 인터넷에서 봤는데 헤어스타일이 너무 멋지더라고요. 두 번째는 금발에 굵은 웨이브가 잘 어울리는 스칼렛 요한슨이죠."

이런 식의 말하기가 상대방에게 궁금증을 유발하고 상상력을 자극하는 효과가 있기 때문에 대화가 끊이지 않고 이어질 수 있다.

《괴짜 심리학》의 저자 리처드 와이즈먼(Richard Wiseman) 교수는 청춘 남녀 100명을 대상으로 아주 흥미로운 실험을 진행했다. 실험 주제는 '짧은 만남에서 상대방의 호감을 이끌어 내기 위해서는 어떤 주제로 대화를 해야 하는지'에 대한 것이었다. 그는 남녀 참가자들을 다섯 그룹으로 나누어 각각의 테이블에서 3분 동안 미팅을 하게 했다. 이때 각 테이블에 여러 주제를 던져 주고 한 가지를 골라 그에 대한 대화를 나누게 했다.

예정된 3분이 지난 뒤 참가자들은 설문지를 통해 방금 자신과 대화를 나눈 상대방에 대해 평가를 하고, 이후에 상대방을 다시 만나고 싶은지에 대한 의사를 기록했다. 그리고 난 뒤 파트너를 바꿔 다시 실험했다. 실험이 모두 끝난 뒤, 실험자는 참가자들의 설문지를 통해 남녀가 서로 다시 만나고 싶다는 의사가 있는 경우에만 상대방의 연락처를 알려 주었다.

그렇다면 어떤 주제로 대화를 나눈 테이블에서 가장 많은 커플이 탄생했을까? 영화에 대해 대화를 나눈 사람들의 커플 성공률은 9%로 최악을 기록했고, 여행에 대한 대화를 나눈 사람들의 커플 성공률은 그 두 배인 18%를 기록했다.

리처드 와이즈먼은 이에 대해 이렇게 설명했다.

"여행에 대한 이야기를 하면 대부분의 사람은 그것을 상상하게 되어 들뜸과 설렘의 감정을 느낀다. 이러한 감정이 대화하는 동안 은연중에 사람의 기분을 좋게 해 준다. 반면, 영화나 취미 등은 남녀가 선호하는 장르가 다를 확률이 높기 때문에 커플 성공률이 떨어진다."

예컨대 영화의 경우 남자의 49%가 액션 장르를 좋아하는 반면 여자는 18% 만이 액션 장르를 좋아한다고 한다. 남녀의 선호도가 이토록 차이가 나는데, 이런 상황을 고려하지 않고 자신의 관심사만 장황하게 늘어놓는다면 상대방은 별 흥미를 느끼지 못하고 이내 지루해 할 것이다.

리처드 와이즈먼이 진행한 '이성에게 어떤 말을 건네는 것이 좋을까?'에 대한 설문조사에서도 유사한 결과가 나왔다. '상대방으로 하여금 기발하고 다양한 상상을 할 수 있게 하는 질문'이 가장 이상적인 것으로 나타났다. 상대방에게 호감을 얻기 위해서는 상상력을 자극하고 자신과 경험을 공유할 수 있으면서 자신을 이해한다고 착각하게끔 하는 주제를 던지는 것이 가장 효과적이라는 것이다. 이때도 가장 최고의 주제는 '여행'인 것으로 나타났다.

"지난번에 사이판에 갔었는데, 너무 좋았어. 스킨스쿠버는 꼭 해 봐야 해. 새로운 세계를 경험할 수 있다니깐? 근데 넌 사이판에 가 봤니?"

"아니 아직 안 가 봤어. 대신에 나는 이번 여름방학 때 유럽 여행을 가려고 해. 혼자 가려고 했는데, 조금 외로울 것 같아서 친구들이랑 같이 갈까 생각 중이야. 유럽 여행은 가 봤어?"

"응! 난 작년 여름에 다녀왔어. 비행기를 오래 타는 게 조금 힘들었지만 정말 환상이었지!"

"정말? 나한테 여행 팁 좀 알려 줄 수 있어?"

"그래! 그때만 떠올리면 기분이 좋아져."

이처럼 여행과 같이 상상력을 자극하면서 함께 경험을 공유할 수 있는 주제에 대해 대화를 나눈다면 상대방에게 더욱 쉽게 호감을 얻을 수 있다.

공감을 유도하는 미러링 기법

같은 티셔츠를 입고 혹은 같은 신발을 신고 걸어가는 젊은 남녀를 보면 굳이 누군가에게 설명을 듣지 않아도 서로 좋아하는 사이임을 눈치챌 수 있다. 연인끼리 같은 옷을 입고, 같은 반지를 끼고, 같은 신발을 신는 일 등은 이제 너무나 친숙하다. 어쩌면 사랑하는 사람과 같은 것을 공유하고, 닮아 가고 싶은 것은 인간의 본능일지도 모르겠다.

굳이 연인 관계가 아니더라도 가족 혹은 친구와 같은 타이밍에 같은 것을 말하거나 같은 동작을 한 경험이 있을 것이다. 이러한 경험을 통해 사람들은 서로에게 친근감을 느낀다. 이러한 인간 깊숙한 곳의 본능을 이용한다면 친해지고 싶은 사람의 마음을 당신에게로 움직이게 만들 수 있다.

특히 처음 대면한 사람이라 서먹한 상태라고 해도 서로 '공감'하는 것이 있다면 친근감을 느끼며 호감을 이끌어 낼 수 있다. 즉 '타이밍'을 잘 맞춤으로써 상대방과의 거리를 의도적으로 가깝게 하고, '공감'을 만든다면 관계를 더욱 발전시킬 수 있다.

멘탈리즘의 기법 중 하나인 '미러링(mirroring) 기법'은 당신이 친해지고 싶은 사람의 움직임을 거울처럼 따라함으로써 상대방과의 친근감을 만들어 내는 것을 원칙으로 하고 있다. 거울같이 상대방의 동작을 비춰 내는 '미러링'은 맞춘다는 의미를 내포하기 때문에 '매칭(matching)'이라고도 불린다.

미러링의 방법은 매우 간단하다. 상대방의 동작을 따라하는 것, 단지 그것뿐이다. 친해지고 싶다고 생각하는 사람과 마주 앉아 커피를 마시고 있다고 가정해 보자.

상대방이 오른손으로 컵을 들어 올리면 당신은 왼손으로 컵을 들어 올리고, 상대방이 다리를 꼬면 당신도 다리를 꼬면 된다. 동작이나 행동, 자세 등 그것이 무엇이든 상대방과 맞춰서 행동한다면 일단은 OK이다. 완전 똑같은 타이밍이 부자연스럽게 느껴진다면 한 타임 늦춰서 실행하는 것도 좋다. 단, 명심해야 할 것이 있다. 상대방에게 당신의 의도적인 행동을 절대로 들키지 말아야 한다는 것이다. 상대방이 눈치채지 못하게 얼마나 많은 것을 맞힐 수 있느냐가 포인트이다.

더욱 재미있는 것은 처음에는 당신이 일방적으로 상대방을 따라하는 것뿐이지만 상대방과의 사이에 신뢰가 생기면 그 다음에는 상대방도 당신과 같은 자세를 한다거나 같은 타이밍에 움직이게 되는 등 자연스럽게 당신을 따라하게 된다. 이것을 'cross mirroring', 즉 교차거울반응이라고 하는데, 사이가 좋은 친구와 같은 타이밍에 같은 말을 한다거나 같은 타이밍에 웃는다거나 기호까지 닮아 가는 것이 바로 이러한 현상이다.

멘탈리스트들은 무대 위로 올라온 관객의 적극적인 협조를 얻기 위해 이 방법을 아주 많이 사용한다. 이때 대부분의 관객은 긴장 상태에 놓여 있다. 핀 라이트가 비추고 객석의 관객들이 모두 자신을 바라보고 있으니 얼마나 떨리겠는가. 그럴 때 멘탈리스트가 무대 위로 올라온 관객과 동일한 자세를 취하고 말을 걸면 관객은 동질감을 느끼고 점점 안정을 찾는다.

비즈니스나 연애 등의 일상에서도 이 기법은 매우 효과적이다. 회의를 하거나 소개팅을 할 때도 같은 자세를 취하면서 상대방의 말을 경청하면 상대방은 무의식적으로 당신에게 끌리게 된다.

많은 사람이 흔히 상대방이 나에게 호감을 갖거나 좋아하게 되는 것은 외모나 능력, 성격 등 이미 결정되어진 특정 조건이라고 생각한다. 하지만 멘탈리즘을 배우고 익혀 적극적으로 활용한다면 상대방의 무의식을 공략하여 그의 마음을 당신에게로 이끌 수 있다.

궁극의 미러링은
호흡을 맞추는 pacing

미러링은 호의와 신뢰 관계를 쌓아 가기에 좋은 멘탈리즘 기법이지만 궁극의 방법은 pacing, 즉 호흡을 맞추는 것이다. 아주 친한 사람과 평소 호흡을 맞추는 훈련을 해 보라. 그리 어렵지 않다. 상대방이 숨을 쉬면 당신도 숨을 쉰다. 단지 호흡을 맞추는 것만으로도 상대방과 심신이 동조되기 쉬워진다.

사람이 언제 숨을 쉬고 내뱉는지 모른다면, 상대방이 말을 하고 있을 때를 주목해 보라. 상대방이 말을 하며 언제 숨을 내뱉고, 언제 숨을 들이마시는지 금세 알 수 있을 것이다. 이것에 자신의 호흡을 동조시키면 그것으로 끝이다.

호흡이 '궁극의 미러링'이라고 한 것은 호흡을 맞추는 것이 최면의 초보 단계이기 때문이다. 상대방이 숨을 내뱉을 때 이야기하면 저항 없이 상대방에게 들어가기 쉽다. 미국의 심리학자 밀턴 에릭슨 박사(Milton H. Erickson)는 이 기법을 최면을 걸 때 실제로 사용하기도 한다. 숨을 뱉고 있을 때에 상대방에게 암시를 전하는 것이다.

CHAPTER

9

상대방의
무의식에 주문을 걸어라

"누군가의 희생물이 되지 않으려면
심리적으로 강한 영향력을 미치는
설득의 기술을 익혀라."

_로버트 치알디니

CHAPTER 9

상대방의 무의식에 주문을 걸어라

충분한 관찰로 상대방의 마음을 읽었다면 서서히 그의 행동을 컨트롤하는 경지에 이르러야 한다. 그래야 진정한 멘탈리스트라 할 수 있다. 그런데 멘탈리즘에서 상대방의 행동을 컨트롤하기 위해서는 조건을 상대방에 맞추어 주는 것, 즉 그가 나에게 호감을 갖게 하고 신뢰감을 갖게 하는 기법이 필요하다. 여기서 한 발짝 더 발전된 기법은 상대방이 당신이 원하는 그것을 실행하도록 '암시'를 거는 것이다.

암시를 거는 것을 배우기 위해서는 가장 먼저 사람이 어떤 때에 '암시'에 빠지기 쉬운지 알아야 할 필요가 있다. 일반적으로 '암시'라는 단어를 접하면 나쁜 것, 무서운 것이라는 오해를 하곤 한다. 하지만 '암시'와 '조작'은 우리 주변에 산재해 있어 우리는 일상생활에서 늘 무의식으로 체험하고 있다.

텔레비전 광고를 생각해 보라. 모든 기업이 인기 연예인이나 유명인사를 모델로 내세우며 자기 회사의 상품이 얼마나 매력적인가를 소비자들에게 어필한다. 이 과정에서 인상적인 음악을 틀고, 상품 이름을 반복하여 들려준다.

일상에서 눈과 귀를 통해 무언가를 반복적으로 접하면, 어느 날에 마트에서 광고 주제가를 따라 부르며 상품을 장바구니에 넣고 있는 당신을 발견할 수 있을 것이다. 정해진 동작이나 음악 등과 같은 자극과 상품을 연결시키는 이러한 기법을 멘탈리즘에서는 '닻 내리기 효과'라고 한다.

닻 내리기 효과 말고도 광고에서 사람들에게 암시를 거는 기법은 매우 다양하다. 코카콜라의 캐릭터는 북극곰이다. 탄산음료는 주로 여름에 많이 판매되는데, 코카콜라는 왜 음료와 아무 상관이 없는, 계절과 전혀 어울리지 않는 북극곰을 메인 캐릭터로 내세웠을까? 이는 역설의 심리학을 이용한 것이다.

코카콜라는 더운 여름에는 안정적인 매출이 보장되는 반면, 추운 겨울에는 매출이 떨어질 가능성이 크다. 그래서 겨울에 매출이 떨어지지 않게 하기 위해서 북극곰이 콜라를 마시는 모습을 계속해서 보여 주는 것이다. 추운 겨울에도 코카콜라는 충분히 만족감을 줄 수 있는 음료라는 것을 소비자들에게 암시를 거는 것이다.

비단 광고가 아니더라도 우리는 일상에서 수많은 암시에 노출되어 있다. 백화점이나 카지노에 가 보면 시계가 없다. 시간이 흐르는 것을 알 수 없도록 하기 위함이다. 또한 날이 낮과 밤으로 바뀌는 것을 알 수 없도록 창문을 만들어 놓지 않는다. 이뿐만이 아니다. 카지노의 경우 짧고 야한 옷을 입은 아름다운 젊은 여성들이 돌아다니며 술을 권하기도 한다. 이 역시 그곳의 분위기에 더욱 빠져들도록 유도하기 위한 암시의 일종이다.

홈쇼핑의 판매 전술에도 이러한 암시의 멘탈리즘이 유용하게 활용된다. 그들은 텔레비전 앞에서 제품에 대한 설명을 듣고 있는 소비자들에게 지속적인 암시를 건다. 예컨대 40,000원이 제품의 적정 가격임에도 39,900원(틀 효과)으로 가격을 책정하여 훨씬 저렴하다고 암시를 거는 것이다. 거기에 보너스 상품까지 준다며 소비자들을 유혹하고, '마감 임박!'이라는 자극적인 문구로 물건의 재고가 거의 남아 있지 않다는 것을 반복적으로 인식시킨다.

이처럼 우리는 자신도 모르게 고도의 심리학적인 상업적 전술에 노출되어 있다. 무심코 받아든 전단지 한 장에도 이러한 심리적 트릭이 숨어 있다. 이는 비단 상업에만 활용되는 것이 아니다.

역사적으로도 우리는 정치인들의 심리 효과에 지배당한 적이 많다. 나는 대표적인 인물이 아돌프 히틀러(Adolf Hitler)가 아닐까 생각한다. 그는 대규모 연설로 청중을 끌어당기고, 사람들의 태도를 조작하고 지배한 무서운 인물이다. 실제로 그가 했던 연설은 연출이 잘되어 있었다고 한다. 그는 연설을 하기 위해 사람들을 모이게 하는 시간에도 신경을 썼다. 즉 아무 때나 연설을 하는 것이 아니라 반드시 정신적·육체적으로 하루의 피로가 최고치에 도달한, 해가 지는 무렵에 연설을 했다. 피곤할 때는 누구라도 판단력이 무뎌지고 수동적이 되기 때문에 이것을 이용한 것이다.

그렇게 사람이 모이면 주변을 에워싸고 있던 히틀러의 친위대가 무리의 원을 조금씩 좁혀 갔다. 그러면 사람은 많은 반면, 공간이 좁기 때문에 옆 사람을 잘 볼 수 없게 된다. 그로 인해 사람들은 히틀러가 자신에게만 말을 걸고 있는 듯한 착각에 빠져들게 된다.

또한 히틀러가 무대에 서면 뒤쪽 좌우 아래에서 스포트라이트를 비추게 했다고 한다. 빛을 등지고 있는 그의 모습이 꽤 환상적으로 보였을 것이다. 이때 히틀러는 일부러 화려하게 연설을 하고, 여기에 과장된 제스처를 더했다. 군집의 피암시성을 높이기 위해 온갖 방법으로 사고를 집중시키고, 대중을 컨트롤한 것이다. 그리고 알기 쉬운 목표와 간단한 슬로건을 반복적으로 말해 민중의 마음속으로 들어갔고, 그들에게 그 슬로건을 여러 차례 반복해 외치게 했다.

이는 미국의 버락 오바마(Barack Obama) 대통령이 예비 선거 때 자주 외쳤던 "Yes, we can."이나 기업의 여러 상품 광고송의 논리와 닮아 있다.

그것을 그곳에 두어라

살아가면서 우리는 많은 선택의 상황에 놓이게 된다. 예컨대 주말 트래킹을 위해 점퍼를 구매할 때도 점퍼의 장단점을 따지는 등 이성적인 판단과 왠지 모를 끌림과 같은 감성적인 판단의 조화를 통해 최종 선택을 한다. 이처럼 우리는 오로지 나의 의지로 '그것'을 선택한 것이라 굳게 믿는다. 하지만 알고 보면 수많은 선택의 순간에 상대방의 크고 작은 조작이 숨겨져 있다.

똑같은 물건이라 해도 어디에 진열하느냐에 따라 사람들의 눈길을 사로잡느냐 그렇지 못하느냐가 결정된다. 예를 들어 편의점이나 대형할인마트에서 상품을 진열할 때 생필품처럼 꼭 필요한 물품은 눈에 쉽게 들어오지 않는 곳에 두더라도 매출이 꾸준하게 유지된다. 반드시 사야 하는 물품이기 때문에 조금 불편하더라도 지정된 코너로 가서 물건을 고르게 마련이다.

하지만 당장 필요한 것은 아니지만 사 두면 쓰일 곳이 있는 소모품의 경우 눈에 잘 띄는 입구 가까운 쪽에 진열한다. 충동구매를 유도하기 위함이다. 이러한 상품의 경우 소비자의 시선보다 조금 위쪽에 진열한다. 가장 편안하게 볼 수 있는 곳에 위치해 있어야 판매가 늘기 때문이다.

상품의 진열 외에도 물건을 어디에 배치하느냐에 따라 상대방의 선택을 조작할 수 있다. 즉 보통은 아무렇지 않게 둔 물건도 그 공간을 의도적으로 이용하면 인상까지도 조작할 수 있는 것이다. 그중 대표적인 것이 물건이 위치한 높이에 따른 인상의 조작이다.

인간은 자신의 눈높이에서 약간 높은 위치에 있는 물건에 긍정적인 선택을 하기 쉽다는 실험 결과가 있다. 허리를 구부리는 불편함을 감수하면서까지 아래에 놓인 물건을 선택하기보다 위를 보고 선택하는 편이 부정성이 적어진다. 그래서 비슷한 두 개의 물건을 보여 준 경우 높은 위치에서 보여 준 것이 호의적인 이미지를 갖게 하기 쉽다.

내 공연에서는 관객들이 무언가를 선택해야 하는 일이 많다. 예컨대 두 개의 물건이나 카드 등을 보여 주고 관객들에게 하나를 고르게 한다. "어느 쪽도 괜찮아요. 하나만 골라 주세요."라고 말하며 물건들을 보여 주면, 대부분의 관객은 위쪽에 있는 것을 고른다. 그래서 나는 선택되어야 하는 물건을 의도적으로 다른 물건보다 상대적으로 높은 위치에 둔다.

물건의 배치로 인상을 조작하는 멘탈리즘적 기법은 비즈니스에서도 유용하게 활용할 수 있다. 프레젠테이션 등에서 사용하는 화이트보드를 통해서도 이러한 공간 조작이 가능하다. 예를 들어, 당신의 기획을 소개하기 전에 이미 발매된 상품의 좋은 면과 나쁜 면 혹은 플러스적인 요인과 마이너스적인 요인을 열거해 보라. 이때 좋은 면은 오른쪽에, 나쁜 면은 왼쪽에 써야 한다. 주의할 것은 당신이 보았을 때의 오른쪽이 아닌 앉아 있는 관객 혹은 상대방의 입장에서 오른쪽을 염두에 두어야 한다는 것이다.

리처드 와이즈먼은 인간은 오른쪽에서 보고 듣게 된 정보를 긍정적으로 평가하는 경향이 있다는 연구 결과를 내놓은 바 있다. 상대방에게 오른쪽은 플러스 정보, 왼쪽은 마이너스 정보라는 이미지가 심어지게 되는 것이다.

무언가를 제안해야 할 일이 있으면 개요, 목적, 메리트 등은 오른쪽에 작성하라. 그러면 노골적으로 주장하지 않아도 당신의 기획은 '플러스'의 이미지로 받아들여지게 된다.

처음부터 화이트보드에 '좋은 이미지'와 '나쁜 이미지'가 나뉘어 있는 것은 아니다. 공간을 나누고 반복해서 이미지를 각인시키면 아무도 눈치채지 못하게 당신이 의도한 바를 상대방에게 인식시킬 수 있다.

보는 만큼 좋아진다

'눈에서 멀어지면 마음에서 멀어진다.'라는 말이 있다. 이 말을 역으로 해석하면 '눈에 자주 보일수록 마음에서도 가까워진다.'라는 의미이다. 실제로 별다른 감정이 없던 사람도 자주 보다 보면 정이 드는 경우가 많다.

미국의 사회심리학자 로버트 자이언스(Robert Zajonc)는 실험을 통해 '접촉하는 횟수가 호감을 유도한다.'는 '자이언스 법칙'을 주장했다. '단순 접촉의 원리', '숙지성의 법칙'이라고도 불리는 이것은 오감 자극의 반복이 '익숙함'으로 발전하게 되고, 이것이 머지않아 '호의'로 연결된다는 이론이다.

자이언스의 연구진은 실험 참가자들에게 여러 사람의 사진을 보여 주었다. 사진들은 랜덤으로 1초당 2장 꼴로 실험자들에게 노출됐는데, 각 사진이 노출되는 횟수는 다르게 설정했다. 실험 결과, 사전에 아무런 정보가 주어지지 않고 짧은 시간 동안 횟수만 다르게 설정했음에도 사진을 통해 자주 본 사람에게 더 호감을 갖는 것으로 나타났다.

이러한 단순 노출 효과를 실생활과 근접한 상황에서 실험한 사례가 있다. 1992년에 피츠버그 대학의 심리학자인 리처드 모어랜드(Richard Moreland)와

스캇 비치(Scott Beach) 교수가 실험을 했다. 서로 알지 못하는 학생들을 모아놓고 수업을 듣게 하면서 그들의 출석 횟수를 달리했다. 한 학기가 끝난 뒤 수강한 학생들에게 실험 도우미였던 여학생들의 사진을 보여 주고 호감도를 조사했다. 역시 호감도는 출석 횟수와 비례했다.

단, 여기에는 예외가 되는 조건이 있었다. 단순 노출 효과가 첫인상에 따라 역효과를 내기도 한다는 점과 상대방이 나를 잘 알고 있을 때에는 단순 노출 효과가 일어나지 않는다는 점이다.

이러한 단순 노출 효과는 연애에도, 비즈니스에도 아주 유용하게 활용할 수 있다. 연애의 경우, 마음에 드는 상대가 있다면 당연히 그의 눈에 자주 띄도록 노력해야 한다. 처음에는 당신이 상대방에게 수많은 사람 중 한 명일지라도 자주 눈에 들어오다 보면 인상적인 그 누군가가 될 가능성이 점점 커진다.

비즈니스의 경우도 마찬가지이다. 상대방에게 고르게 하고 싶은 것이 있다면 사전에 그것에 대한 정보를 많이 전달하는 것이 좋다. 예를 들어, 정식으로 보여 줄 수 있는 단계는 아니지만, 거래처에게 부탁받은 로고의 임시 디자인이 완성되었다고 가정하자. 이때 그 디자인을 클리어파일의 제일 위에 넣어 둔 상태로 거래처와의 다른 회의 자리에 참석해 보라. 그에 대해 언급하지 않고 상대방의 눈에 몇 차례 띄게 하면 훗날 그 디자인을 보여 주었을 때, 이미 고객의 잠재의식에 당신의 디자인이 들어가 있어 호감도가 급격하게 높아질 것이다.

이러한 단순 노출 효과는 마술이나 멘탈리즘에서도 많이 쓰인다. 관객에게 어떤 것을 선택하게 하기 전에 관객이 눈치채지 못하게 계속해서 그것을 노출시키거나 정보 등을 이야기해서 익숙하게 만드는 것이다. 그로 인해 관객은 자연스럽게 그것을 선택한다. 자신은 자유롭게 골랐다고 생각하지만, 사실은 마술사가 의도한대로 고르게 되는 것이다.

우연한 기회로 클라이언트와 만남을 가진 후 그에게 좋은 인상을 남기고 싶다면 너무 노골적으로 밀어붙이기보다 전략적으로 다가가야 한다. 이때 유용한 것이 바로 단순 노출 효과이다.

우선 만남을 가진 다음날에 상대방이 체크할 것 같은 타이밍에 '어제는 감사했습니다.'라는 제목의 이메일을 보낸다. '감사'라는 제목을 달았지만 이메일의 중요 포인트는 당신이 이야기한 기획 내용과 상대방이 관심을 보였던 상품을 가볍게 언급하는 것이다.

'어제는 시간을 내 주셔서 감사했습니다. (중략) 관심을 가져 주셨던 ○○에 대한 건도 좋은 성과가 있기를 기대합니다.'

그리고 일주일 후와 1개월 후에 '이전에 관심을 가져 주셨던 상품에 대한 새로운 정보가 있어서 알려 드립니다.'와 같이 간단한 정보를 반복적으로 전달해 주면 된다. 이때도 '관심을 가져 주셨던'이라는 말을 반드시 사용해야 한다. 그래야만 상대방이 '자신이 관심을 가지고 있던 것'을 몇 개월이 지나도 잊지 않는 것이 가능하다. 반복적으로 언급하지 않으면 아무리 관심을 가졌던 것이라 해도 인간의 망각곡선을 타고 금세 잊혀진다.

이처럼 이메일로 연락을 취하는 것도 효과적이지만 자신을 더욱 강렬하게 어필하고 싶을 때에는 특별한 용건이 없어도 상대방의 회사를 방문하여 직접 인사를 하는 것도 좋다. 이것만으로도 큰 효과를 얻을 수 있다. 단, 상대방이 부담을 갖지 않을 정도의 선에서 만남을 추진해야 한다.

목소리를 나누어 써라

청중의 심금을 울리는 훌륭한 강연자들은 강연의 내용도 우수하지만, 부드러운 목소리와 강하고 힘 있는 목소리를 나누어 씀으로써 자신의 뜻을 더욱 효과적으로 전달한다.

미국의 심리학자 밀턴 에릭슨 박사(Milton H. Erickson)는 이렇게 주장했다.

"목소리를 나누어 사용함으로써 카운슬링의 효과를 극대화할 수 있다."

즉 클라이언트에게 무언가를 특별하게 전달하고 싶다면 이전까지와는 다른 목소리 톤을 냄으로써, 무의식중에 '나는 지금 당신에게 이전과 다른 이야기를 하고 있다.'라는 메시지를 전달할 수 있다.

멘탈리스트도 이러한 목소리의 분류법을 자주 사용한다. 예를 들어, "앞으로 다섯 개의 물건의 이름을 말할 테니 그중에서 가장 좋아하는 물건을 하나 고르고, 그것을 머릿속에 떠올려 주세요."라고 말한 뒤 멘탈리스트가 고르게 하고 싶은 물건의 이름만 목소리 톤을 살짝 바꾸어 말한다. 그렇게 하면 듣는 사람의 의식에 목소리를 바꾼 물건이 자리 잡는다.

멘탈리즘을 좀 더 깊게 공부하면 A부터 E까지 다섯 명의 사람 중에 C에게만 특정 메시지를 보내는 것이 가능하다. 다른 사람들과 달리 C에게만 한 단계 낮은 목소리 톤으로 말을 거는 것이다. 물론, 주변이 알아차릴 정도이면 곤란하다. 고도의 테크닉이기 때문에 평소에 연습을 많이 해야 한다.

이처럼 특정 인물에게만 목소리 톤을 달리하여 말을 걸면, "이 사람은 목소리가 낮은 사람이다."라는 인상이 생긴다. 그리고 이후부터는 특별히 C를 바라보며 이야기하지 않아도 C는 그것이 자신을 향해 하는 말임을 알게 된다. 즉 모든 사람에게 말하는 것처럼 보여도 그 목소리의 톤을 사용하면 C만이 그것을 알아채고 '이것은 나에게 말을 하고 있는 거야.'라고 생각하게 되는 것이다.

평소에 장난스럽고 밝은 성격을 가지고 있는 사람이 갑자기 목소리를 내리깔고 낮게 말한다거나 억양을 억제해서 차분한 톤으로 말하면 대부분의 사람이 '이 사람, 평소와 뭔가 다르다.'라고 느끼며 긴장하게 된다. 어린 시절에 부모님이 평소보다 무겁고 굵은 목소리로 내 이름을 부르면 본능적으로 '혼날 일이 있구나.'라는 생각에 몸이 경직되었던 것도 이런 이유 때문이다.

마음에 닻을 내려라

대부분의 사람이 새롭고 낯선 장소에 가면 한동안 어색해하며 다른 사람들과 쉽게 어울리지 못한다. 그래서 다른 사람들과 빨리 어울리기 위해 그 장소의 '분위기'를 파악하려 노력한다. 인간은 낯선 곳에 가거나 낯선 사람들과 만나면 처음 5분 동안은 '자신이 있는 장소의 규칙'을 본능적으로 감지한다고 한다. 우리가 흔히 말하는 '분위기 파악'을 하는 것이다.

크고 작은 모임이나 만남에서 사람들의 행동을 눈여겨 살펴보면, 이야기의 주도권을 쥔 사람은 처음부터 끝까지 그 주도권을 잃지 않는 경향이 강하다. 즉 남들보다 앞서 자신감 있게 자신의 생각을 발언한 사람은 그 후로도 말하고 싶은 것을 자유롭게 말할 수 있다. 반면, 이러한 타이밍을 놓친 사람은 이미 만들어진 그곳의 분위기를 일부러 파괴하지 않는 한 가장 마지막까지 '들어주는 사람' 역할을 하게 된다.

그 외에도 가장 처음에 사람을 웃기게 하면 계속 분위기를 띄우는 역할로 기대된다거나 남의 이야기를 들은 후에 "자, 지금까지의 이야기를 정리를 하자면……."과 같이 상황을 잘 정리해 준다면 사회를 보는 역할로 기대되는 등 일종의 역할 분담이 이루어진다.

사회심리학에서는 이러한 현상을 '초두효과'라고 한다. 앞서 거론했듯이 초두효과는 첫 대면의 인상이 기초가 되어 그 후의 인상을 형성한다는 이론이다. 이것을 응용하여 어떠한 환경에 있더라도 자신의 페이스로 있을 수 있는 방법, 그것이 앞으로 설명할 '조건 붙이기', 즉 '마음에 닻 내리기' 멘탈리즘 기법이다.

배를 한곳에 멈추게 하려면 긴 줄에 매어 물 밑바닥으로 가라앉히는 갈고리, 즉 닻이 필요하다. 기억도 이와 비슷하다. 특정한 사건이나 말, 인물 등을 상대방의 기억에 남기기 위해서는 그의 기억 속에 닻을 내려야 한다. 멘탈리즘에서는 간단한 조작만으로도 상대의 기억 속에 닻을 내리고, 감정을 조작하는 것이 가능하다.

행동과학의 선구자인 이반 파블로프(Ivan Petrovich Pavlov)가 발표한 '파블로프의 개'의 실험에 대해 알고 있는가. 벨을 울린 뒤 개에게 먹이를 주는 것을 일정 기간 반복하면 개는 벨만 울려도 침을 흘린다는 조건반사의 실험이다. 나의 본가에는 고양이가 있는데, 가족들은 정해진 시간에 먹이를 접시에 담아 고양이에게 먹이를 가져다준다. 그런데 고양이는 먹이를 주는 시간이 아니더라도 가족 중 누군가가 접시를 들고 있으면 먹이를 주는 곳으로 달려가 얌전히 앉아서 기다린다. 반복된 행동으로 인해 이미 고양이에게는 어느 특정 장소에서

'접시를 본다.'라는 것이 닻이 되고, 그것은 '밥'이라는 매우 좋은 이미지로 연결되어 있는 것이다.

　이것을 비즈니스에 응용해 볼 수 있다. 당신이 접시를 가지고 복도를 걷는 것만으로 회사의 상사가 기뻐하며 같은 장소에 앉아서 기다리게 된다면 당신의 인생은 지금까지와 전혀 다른 혹은 훨씬 나은 방향으로 변화될 것이다.

　'닻 내리기 기법'의 핵심은 당신이 누군가의 마음에 닻을 심어 놓고, 그의 조건반사를 재촉하는 것이다. 이때 닻에 어느 정도의 일정한 패턴을 만들어 놓는 것이 중요하다. 즉 자기 나름대로의 룰을 만드는 것이다. 예컨대 '좋은 이미지'를 전할 때는 매번 손가락으로 테이블을 가볍게 탁탁 두 번 두드리고, '나쁜 이미지'를 전할 때는 매번 머리카락을 양손으로 쓸어 올리는 행동을 해 보라.

　물론 반드시 이와 같은 행동이 아니라도 상관없다. 당신이 미리 정해 둔 동작을 반복하는 것이 암시의 포인트이다. 주위 사람들이 당신의 손짓에 의해 '좋다', '나쁘다'가 인식되었다고 판단될 때까지 반복해야 한다. 이때 상대방이 당신의 행동에서 부자연스러움을 감지하지 못하도록 최대한 자연스럽게 행동해야만 한다.

　실질적인 예를 들어보겠다. 당신은 지금 당신이 사는 아파트의 반상회에 참석했다. 이때 당신은 "오늘 날씨가 정말 좋네요."라고 말하며 손으로 테이블 위를 가볍게 두 번 탁탁 두드린다. 사람들이 눈치채지 못하도록 이와 같은 행동을 반복하면 된다. 그러면 사람들의 무의식중에 좋은 이미지와 테이블을 탁탁 두 번 두드리는 행동이 매치가 된다.

　반면, "우리 아파트 근처 빌라에 도둑이 들었대요."와 같은 부정적인 말을 할 때는 반복적으로 머리를 쓸어 올린다. 그러면 머리카락을 쓸어 올리면 '나쁜 이미지'라는 닻을 의식하게 된다.

드디어 반상회의 주요 논의 사항인 '빈 공간에 화단을 설치할 것인가, 콘크리트로 공사를 해서 자전거 두는 곳으로 이용할 것인가.'라는 화제가 제시되었다. 화단을 만드는 것을 적극 찬성하는 당신은 화단이 거론될 때마다 손으로 테이블을 탁탁 두 번 두드린다. 그리고 그 반대 의견이 나올 때마다 머리카락을 쓸어 올린다. 이것만으로도 그 장소에 있는 사람들의 무의식 속에는 '화단=좋다', '자전거 두는 곳=나쁘다'라는 이미지가 생성된다. 그리고 마침내 "아파트를 위해서 '좋은' 선택을 합시다!"라고 다수결에 붙이면 화단을 선택할 가능성이 크다. 이처럼 일대일이 아니더라도 처음부터 닻을 확실하게 걸어 두면 상대방이 다수라도 감정 조작이 가능하다.

이러한 마음의 닻 내리기 기법은 비즈니스에서도 유용하게 활용할 수 있다. 예를 들어 두 개의 기획안 중에서 당신이 마음에 들어 하는 A기획안을 다른 사람들이 선택하도록 하기 위해 특정 행동을 반복함으로써 '좋다=A기획안', '싫다=B기획안'의 이미지를 심어 줄 수 있다.

닻 내리기 기법은 당신의 룰을 정착시킬 때까지가 가장 중요하다. 특히 사람 수가 많거나 시간이 얼마 없을 경우에는 집중력과 스피드가 요구된다. 자연스럽게 그리고 스피드 있게 하는 것이 다소 까다로운 조건일지는 모르지만 일단 상대방의 마음에 닻을 내리고 나면 그 후는 당신의 의도대로 상대방의 선택을 조작하는 것이 매우 간단해진다.

UN에서 아프리카 국가가
차지하는 비율은 얼마일까?

심리학자 대니얼 카너먼(Daniel Kahneman)의 유명한 실험 중 하나이다. 질문을 받은 사람은 대답을 하기 전에 무작위로 65%와 10%라는 숫자를 받았는데, 이는 아무 의미가 없는 숫자였음에도 그 결과는 놀라울 만큼 차이가 났다. 10%라는 숫자를 받은 사람은 UN에서 아프리카 국가가 차지하는 비율이 25%라고 응답했고, 65%라는 숫자를 받은 사람은 45%라고 응답했다. 전혀 의미 없는 숫자에 의해 비율이 두 배 정도 차이가 난 것이다.

대니얼 카너먼은 수학 문제를 통해 닻 내리기 기법에 대한 또 다른 예를 보여 주었다. 고등학생들을 두 그룹으로 나누어 5초 동안 암산으로 다음의 곱셈 문제를 풀라고 요구했다.

첫 번째 그룹	두 번째 그룹
$8 \times 7 \times 6 \times 5 \times 4 \times 3 \times 2 \times 1 = ?$	$1 \times 2 \times 3 \times 4 \times 5 \times 6 \times 7 \times 8 = ?$

그 결과, 첫 번째 그룹의 학생들은 2,250이라고 답했고, 두 번째 그룹은 512라고 답했다. 참고로 이 문제의 정답은 40,320이다. 정답을 맞혔느냐의 여부보다 같은 문제임에도 두 그룹의 답이 큰 차이가 났다는 것에 주목해야 한다.

우리는 이렇게 불확실한 상황에서 판단을 내려야 하는 경우, 제 나름의 임의 값을 심리적인 기준으로 사용한다. 즉 위의 곱셈 실험에서 작은 숫자에 먼저 노출된 그룹은 문제의 답이 작을 것이라는 기준으로 답을 구하게 되고, 큰 숫자에 먼저 노출된 그룹은 답이 클 것이라는 기준으로 답을 구하게 되는 것이다.

항구에 정박한 배가 닻을 내리면 그 배는 닻과 배 사이의 거리만큼만 움직일 수 있듯이 사람도 마음속 기준(닻)을 중심으로 판단하는 것이다. 처음 내려진 닻이 특별한 의미가 없어도 사람은 그것을 기준으로 판단하기 때문에 여러 착각을 부르는 원인이 된다.

off일 때 암시를 넣어 상대방의 선택을 조작하라

영국의 유명한 멘탈리스트인 대런 브라운(Derren Brown)은 서브리미널 효과(subliminal effect)를 이용하여 두 명의 프로 광고 디자이너에게 그가 사전에 그려 둔 그림과 똑같은 콘티를 그리게 하도록 조작하여 많은 사람을 놀라게 했다. 또한 관객에게 몇 장의 신문 중에 한 장을 고르게 하고, 그 한 장의 신문지를 마구 찢은 뒤에 그가 예고한 것과 같은 말이 적힌 종잇조각을 무의식중에 고르게 하는 등의 놀라운 멘탈리즘으로 사람들을 매료시켰다.

서브리미널 효과는 멘탈리즘에서 자주 사용되는 중요한 기법 중의 하나로, 인간의 잠재의식에 특정한 자극을 줌으로써 행동을 조종하는 기법이다. 이는 인간이 인지하지 못하는 미약한 자극도 인간의 감정이나 행동에 영향을 끼칠 수 있다는 이론에 근거한 기법으로, 바다 위로 노출되어 있는 빙산(의식)은 말 그대로 '빙산의 일각'일 뿐이며, 바다 속에는 보이지 않는 커다란 본체(잠재의식)가 있어서 이것이 겉으로 드러난 행동을 좌지우지한다는 것이다.

서브리미널 효과는 마케팅이나 집중력 강화 등 실제 다양한 영역에서 응용되고 있으며, 인간이 쉽게 인지할 수 없을 정도의 음역대의 음향 또는 작고 흐린 이미지 등을 삽입해 잠재의식에 영향을 미쳐 직접적인 행동 변화를 유발한다.

대표적인 예로, 1957년에 미국 뉴저지의 한 영화관에서 상영된 필름에 '콜라를 마셔라.', '팝콘을 먹어라.'라는 메시지를 넣었더니 매상이 많이 올랐다고 한다. 총 6주에 걸쳐 실시된 이 실험에서 메시지는 영상의 중간에 3,000분의 1초라는, 인간의 능력으로는 도저히 인지할 수 없는 매우 빠른 속도로 나타났다 사라지도록 되어 있었다고 한다. 드러내 놓고 '콜라를 마셔라.', '팝콘을 먹어라.'라고 표현했다면 아마 관객들은 거부감을 가졌을 것이다. 하지만 무의식을 공략한 서브리미널 기법 덕분에 거부감 없이 암시에 걸리게 된 것이다.

서브리미널 효과는 광고에서 자사의 상품에 더욱 매력을 심어 주기 위해 사용되기도 하고 금연과 같은 공익을 위한 목적으로 사용되기도 한다. 하지만 헤비메탈 음반에 숨겨진 '죽어라, 죽어라.'라는 메시지로 인해 청소년이 자살 시도를 하는 사건 등 바람직하지 못한 행동을 유발하는 경우도 있다.

특히 서브리미널 효과는 선거의 네거티브 캠페인에서 사용되는 등 정보 조작이 가능하다고 판단되어 지금은 세계적으로 그것의 상업적 사용이 금지되어 있다.

모든 인간에게는 on과 off가 있다. on은 일이나 놀이 등 현재 집중하고 있는 것이 눈앞에 있고, 그 외의 것을 생각하거나 이야기할 여유가 없는 상태이다. off는 몸과 마음이 편안하게 이완되는 휴식의 상태이다. 학교나 직장과 같은 일하는 장소에서는 on과 off가 공존한다.

예를 들어 미팅 전과 회의가 시작되기 전, 논의를 하던 화제가 일단락되었을 때, 미팅과 회의 종료 직후, 휴식시간 등이 'off'에 해당한다. 인간의 경계심이 약해지는 off일 때야말로 암시를 넣을 최고의 타이밍이다. 이는 모든 암시 조작에서 공통된 것이다.

실제 비즈니스 현장에서 당신이 제안하는 상품을 고객이 선택하고 구매 결정을 할 수 있도록 하기 위해 off일 때 암시를 넣는 것이 좋다. 예컨대 고객과 최종적인 결정 단계 전에 잡담으로 취미 등에 대한 이야기를 하면서 '결정한다.', '산다.' 등 당신이 효과적이라고 생각하는 단어를 은밀하게 넣어 두는 것이다.

> "얼마 전에 제가 등산용품을 샀는데, 결정을 잘한 것 같아요. 그때는 비싸게 느껴져서 조금 망설였지만, 계속 쓰다 보니까 너무 효율적인 것 같아요. 정말 잘 샀어요."

고객은 '결정한다.', '산다.'라는 단어가 포함된 문장들을 듣고 있지만 취미에 대한 대화를 나누고 있기 때문에 그에 대한 이야기 중 하나로 여긴다. 하지만 고객의 의식 중에는 '결정한다.', '산다.'라는 단어가 남아 있기 때문에 이후에 같은 자극(결정한다, 산다)이 다른 형태로 암시되어도 그것으로부터 오는 저항이 줄어드는 것이다. 따라서 off일 때에 강조하고자 하는 것을 반복할수록 상대방의 저항은 더욱 줄어든다.

서브리미널 효과는
실효성이 있을까, 없을까?

서구권에서는 오래전부터 서브리미널 효과의 실효성에 대한 논란이 끊이지 않았다. 그럼에도 서브리미널 효과가 분명히 작동되는 실험 결과가 많다. 일례로, 1959년에 스미스, 스펜스, 클레인은 피험자들에게 'Happy' 또는 'Sad'라는 단어를 인간이 인지할 수 없는 매우 짧은 간격으로 스크린에 비춰 주고, 그 직후에 무표정한 사람의 얼굴을 보여 주면서 "이 사람의 표정은 즐거운가, 슬픈가?"를 물었다.

그 결과, 'Happy'라는 서브리미널 자극에 노출된 사람들은 '즐거워 보인다.'라고 답한 확률이 압도적으로 높았으며, 'Sad'라는 서브리미널 자극에 노출된 사람들은 '슬퍼 보인다.'라고 답한 확률이 압도적으로 높았다고 한다.

실험자들은 이어 동일한 피실험자들에게 'harry'와 'Sap'라는, 눈에 또렷이 보이는 단어를 스크린에 비춰 주고 읽도록 했는데, 이때 피시험자들 중에는 이를 'Happy'와 'Sad'로 잘못 읽은 경우가 많았다고 한다. 이는 곧 우리의 현재 의식이 받아들이지 못하는 정보라 할지라도 잠재의식은 이를 받아들이고 처리한다는 것을 증명한 것이다.

아직도 서브리미널 효과를 부정하는 사람이 많지만, 정작 광고업계나 군대 등에 의해 관련 신기술이 끊임없이 발전해 가고 있다. 시각과 청각을 모두 활용하여 침투하는 첨단의 서브리미널 기법들이 지속적으로 업데이트되고 있으며, 그 기술의 정교함과 강력함은 초창기에 콜라와 팝콘을 가지고 실험했을 때와 수준이 크게 다르다.

실제로 과거 걸프전에서 심리 전술의 일환으로 가청 영역대를 넘어서는 '무음' 서브리미널 기법이 이라크 병사들에게 사용되어 사기를 꺾는 데 활용된 바 있다. 또한 백화점이나 대형 마트 등에서는 매장 내에 틀어 놓는 음악에 서브리미널 메시지를 활용하여 고객들의 구매 욕구를 높이는 것은 물론, 도난 사건 발생률을 낮추는 데도 활용되고 있다.

출처 : 알케믹의 모든마음연구소

손의 움직임으로 상대방을 컨트롤하라

마술사의 신체 중 가장 중요한 부분은 바로 '손'이다. 몸의 여러 부위 중에서 가장 기민하게 움직이는 손은 마술사뿐 아니라 일반인들에게도 대단히 편리하고 효과적인 도구이다. 손은 업무나 일상생활에 있어 도구들을 조작하고 물건을 쥐고 던지고 나르는 등의 다양한 동작을 구현한다.

멘탈리즘에서도 손은 아주 중요한 역할을 한다. 아무렇지 않게 다른 것을 감추기도 하고, 일부러 무언가를 만져서 그것에 대한 존재성을 강조하기도 한다. 또한 손가락으로 소리를 내 주의를 끄는 등의 행동을 하기도 한다. 이처럼 손은 가장 자연스러운 역할을 하기 때문에 별다른 의심이나 거부감 없이 상대방을 유도하는 것이 가능하다.

다음 상황을 상상해 보라. 당신은 영업자이다. 반드시 진행시키고 싶은 기획 A와 그다지 마음이 내키지 않는 기획 B가 있다. 당신은 클라이언트 앞에서 두 개의 기획서를 놓고 평소와 다르지 않은 방법으로 각 안에 대해 설명하고 상담을 진행했다.

당신이 파악하기에 클라이언트는 어느 하나의 기획에만 관심을 가지고 있는 상태가 아니다. 이때가 바로 기회이다. 클라이언트의 마음이 아직 어느 쪽으로도 기울지 않았다면 간단한 조작만으로도 그의 마음을 당신이 원하는 기획 A로 쏠리게 할 수 있다.

상담 막바지에 당신은 클라이언트의 눈을 바라보며 이렇게 질문할 것이다.

"어느 쪽의 기획이 마음에 드세요?"

이때 '어느 쪽의'라는 말을 할 때 당신 손의 움직임이 상대방의 마음을 조작할 수 있다. 방법은 매우 간단하다. 그때까지 당신의 손이 테이블 위에 놓여 있었다면, 일단은 당신 쪽으로 끌어당겼다가 다시 한 번 내밀며 당신이 결정하고 싶은 기획서를 가볍게 만지는 것이다. 당신이 할 일은 이것뿐이다. 이것만으로도 상대방의 시선은 자연스럽게 당신이 의도한대로 기획 A에 빨려 들어가게 될 것이다.

인간은 무엇이든 자신이 선택하고 싶고, 컨트롤하고 싶은 공통된 욕망을 가지고 있다. 그렇기 때문에 당신이 여러 가지 설명을 하며, 심지어 특정 제품을 선택해 주기를 눈물로 호소할지라도 상대방은 스스로의 의지대로 선택해야 만족감을 얻는다. 이것은 인간의 그러한 심리를 역이용하여 조작하는 멘탈리즘 기법이다.

초기에는 이러한 기법을 사용할 때 '혹시라도 상대방에게 들키는 것은 아닐까.' 혹은 '상대방이 내 의도대로 행동하지 않으면 어떻게 하지?'라는 생각에 가슴이 두근거릴지도 모른다. 하지만 많은 연습을 하고 실전을 경험할수록 점점 상대방의 눈을 보면서 자연스럽게 목표로 하는 것을 만지는 타이밍을 잡을 수 있게 될 것이다.

한편, 손으로 상대방의 시야를 차단함으로써 당신이 원하지 않는 것을 그가 선택하지 않게 조작할 수 있다. 인간은 무의식적으로 눈에 보이는 정보에 좌지우지되기 때문이다.

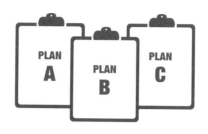

여름휴가를 계획하는 당신에게 여행사 직원이 세 가지 플랜을 보여 준다. 그리고 각 플랜에 대해 설명해 준다. 최종 결정을 해야 할 때, 여행사 직원이 당신에게 이렇게 묻는다.

"고객님은 여름휴가를 어떤 플랜으로 보내고 싶으세요?"

여행사의 직원이 당신에게 질문하며 플랜을 다시 한 번 가리킨다. 위의 그림을 참고하기 바란다.

세 가지 플랜 중에 전체 모습이 보이는 것은 가운데 놓인 B플랜 하나뿐이고, 나머지 두 개의 플랜은 직원의 손에 가려져 있다. 이때 당신은 B플랜을 선택할 가능성이 크다. 이것은 당신의 의지에 의한 선택처럼 보이지만, 사실 여행사 직원이 생각한 대로 당신이 선택한 것이다.

사람이 어떤 대상에 대해 좋은 이미지를 갖는 경우는 대부분 전체 모습이 보이는 것이다. 무언가의 그림자로 가려져 있다거나 다른 물건과 겹쳐져 있으면 뇌가 '무언가가 숨겨져 있다.'라고 마음대로 판단하게 된다. 그래서 무의식중에 불신감을 갖거나 부정적인 이미지로 인식한다.

　예컨대 낯선 사람의 사진을 볼 때 그가 앞에 선 친구의 머리에 가려 얼굴이 반 정도만 드러난 상태라면 그것만으로도 그가 뭔가를 감춘다거나 솔직하지 못하다는 판단을 하게 된다. 게다가 이것은 이성적인 분석이나 관찰에 의한 판단이 아닌 순간적인 판단이기 때문에 이것을 역으로 이용하여 '조작'이 가능한 것이다.

　당신이 의식하고 있지 않은 상태에서도 뇌는 다양한 것을, 놀라울 정도의 속도로 빠르게 판단한다. 예컨대 우리는 특별히 의식하지 않아도 길가에 놓인 많은 사물에 부딪히지 않고 빠른 걸음으로 걸을 수 있고, 거리와 방향을 계산하지 않아도 젓가락을 뻗어서 원하는 음식을 집어먹을 수 있으며, 음식을 코가 아닌 입에 정확히 가져다 넣는다. 우리가 이처럼 자유롭고 빠르게 움직일 수 있는 것은 모두 뇌 때문이다.

　이와 같이 뇌는 빠르고 즉각적인 판단을 하지만 상황에 따라서는 많은 착각을 일으키기도 한다. 그중 가장 대표적인 것이 시각에 대한 과신이다. 눈에 비추는 것, 눈으로 확인한 것에 무의식적으로 뇌가 끌려가 버리는 것이다. 뇌의 이러한 특성을 이용하여 편리한 도구인 손으로 눈앞의 것을 가리거나 그림자가 지게 만든다면 그것만으로도 '선택하지 않게 한다.'라는 조작이 가능하게 되는 것이다.

멘탈리즘을 통해 얻을 수 있는 효과는 상대방의 마음을 읽고 행동을 예측하는 것만이 아니다. 멘탈리즘의 궁극은 상대방의 마음과 행동을 자신이 바라는 대로 움직이는 데 있다. 따라서 비즈니스나 연애 등의 인간관계에서 당신이 바라는 결과를 얻기 위해서는 위에서 제시한 여러 암시의 방법을 꾸준히 훈련하는 것이 좋다.

상대방의 무의식에 주문을 걸 수 있는 멘탈리즘 기법을 익힌다면 멋진 외모나 언변, 훌륭한 성능의 경쟁력 있는 제품을 가진 것 이상의 효과를 기대할 수 있다.

CHAPTER

10

절대 거부할 수 없는
강렬한 유혹

"확신에 찬 기대는 당신을 둘러싼 세계 속에서 구체화된다.
당신은 자신의 기대와 일관된 양식으로 행동한다.
당신의 기대는 주위 사람들의 행동과 태도에 영향을 미친다."

_브라이언 트레이시

CHAPTER 1 0

절대 거부할 수 없는 **강렬한 유혹**

처음 보거나 그다지 친하지 않은데 내게 무언가를 부탁하거나 요구했을 때 거절하기 힘든 사람이 있다. 당신 역시 주변에서 이런 특별한 힘을 가진 사람을 본 적이 있을 것이다. 이런 사람들의 공통점은 언어나 행동 등에서 상대방에게 강한 신뢰감을 준다는 것이다. 같은 말을 해도 다른 사람이 하면 거짓말이나 농담처럼 들리는데, 유독 그 사람이 하면 진실처럼 느껴지는 경우가 있다.

절대 거부할 수 없는 강력한 유혹을 가능하게 하는 멘탈리즘적 기법은 매우 많다. 이 장에서는 화법을 중심으로 대표적인 것을 소개할 테지만, 무엇보다 중요한 것은 그런 기술적인 화법을 구현하기 전에 우선은 신뢰감을 줄 수 있는 말하기 스타일을 익히는 것이다. 예컨대 당신이 아무리 멋지고 믿음이 가게 생겼다고 해도 말의 속도가 너무 빠르거나 경박스럽다 싶을 정도의 웃음 소리를 낸다면 당신에 대한 신뢰감은 물론, 호감도까지 바닥으로 떨어질 수 있다.

신뢰감을 형성하기 위해 가장 크게 주목해야 할 요소는 말을 할 때의 속도이다. 일반적으로 말하는 속도가 느린 사람은 '신뢰할 수 있다.', '안정감이 있는 인물이다.'라고 평가되고, 말하는 속도가 빠른 사람은 '활동적이며 적극적이다.', '강한 인물이다.'라고 평가되곤 한다. 하지만 말하는 속도가 빠를 경우 '설득력이 빠져 있다.'라는 치명적인 단점도 있기 때문에 누군가를 설득해야 하는 상황에서는 말하는 속도가 빨라지지 않도록 주의해야 한다.

상대방이 확실히 이해할 수 있는 속도로 천천히 말하는 것이 설득력이 높다는 것은 심리학을 기반으로 한 일반적인 법칙이다. 여기에서 한 단계 더 발전하여 멘탈리즘적으로 본다면, 처음부터 천천히 말하는 것이 항상 좋은 것만은 아니라는 것이다. 이럴 경우 상대방은 당신이 하는 이야기의 내용을 음미하는 것이 가능하다.

특히 누군가와 처음 만나 논의를 진행해야 할 경우, 서로 경계하는 마음을 갖고 속마음을 캐내야 할 수도 있다. 이때 당신이 말하는 것을 상대방이 곱씹으면서 듣는 것은 좋은 결과를 유도하기 어렵다. 천천히 말함으로써 상대방에게 생각의 여유를 준다는 것은 그만큼 상대방이 당신의 말에 비판적이 될 수 있는 틈을 준다는 의미이기도 하다.

따라서 대화를 시작할 때 빠른 속도로 수다스럽게 말하면 상대방은 자연스럽게 듣는 역할이 되어 버릴 수밖에 없다. 생각하는 시간이 적으면 의문이 생기기 어렵고, 비판을 품을 여지가 없다. 세일즈 전문가들이 고객에게 빠른 속도로 제품을 설명하는 것도 바로 이런 이유 때문이다.

물론 처음부터 끝까지 빠르게 말을 하면 당신은 '수다쟁이'로 전락할지도 모른다. 따라서 상대방이 당신의 설명에 흥미를 가지고 마음이 당신 쪽으로 기울었다고 느껴졌을 때는 당신이 설명하는 내용이 상대방에게 침투하기 쉽도록 천천히 말하는 것이 좋다. 그러면 설득력을 더욱 높일 수 있다.

나 역시 본격적인 멘탈리즘을 하기 전에 도입부 때는 공연의 진행 속도나 말을 빠르게 한다. 이렇게 관객의 주의를 끈 다음에 본격적으로 설명하는 부분에서는 호흡을 늦추고 천천히 설명한다. 때로는 관객에게 질문을 던져 분위기를 전환시키고, 생각할 수 있는 기회를 주기도 한다.

말하는 속도를 효과적으로 조절하여 기본적인 신뢰감을 구축했다면 상대방의 대답을 자유롭게 조정하는 'YES set', 절대로 거부할 수 없는 '가능성 화법', 거절을 역이용하는 'Door in the Face technic', 작게 시작하여 큰 것을 노리는 'Foot in the Door technic' 등의 멘탈리즘 기법을 통해 당신이 원하는 것을 얻어 낼 수 있다.

상대방의 대답을 자유롭게 조정하는 'YES set'

어릴 때 친구들과 아래와 유사한 장난을 쳐 본 적이 있을 것이다.

> "링컨을 열 번 반복해서 큰소리로 외쳐 봐! 시작!"
> "링컨, 링컨, 링컨, 링컨……."
> "자, 미국의 초대 대통령 이름은?"
> "링컨!"

조지 워싱턴이 답인데도 계속해서 링컨을 반복한 덕분에 입에서 절로 링컨이 나와 당황하며 웃곤 했다. 대부분의 사람이 어릴 때부터 이렇게 같은 패턴을 반복하면 익숙해진다는 것을 경험하여 잘 알고 있다. 그것을 확장한 이론이 바로 'YES set'이다.

직장에서 영업을 담당했던 경험이 있는 사람이라면 이미 익숙해진 기법일지도 모르지만, 'YES set'은 상대방이 "YES."라고 대답할 만한 질문을 계속해서 던짐으로써 긍정적인 반응에 상대를 익숙하게 만들어 버리는 기법이다. 예를 들어 이런 식이다.

> "오늘은 날씨가 좋네요."
> "그러네요. 날이 참 화창해요."
> "기온도 포근해서 지내기 편한 것 같아요."

"네, 확실히 이 정도의 날씨가 제일 좋은 것 같아요."

"이렇게 날씨가 좋으면 일하고 있는 게 너무 아쉬워요."

"네, 정말 그래요."

"그럼, 오늘 기왕 이렇게 된 거, 이번 계약의 결말을 지어 버릴까요?"

"네, 그렇게 하죠."

'YES set'을 성공시키기 위한 포인트는 상대방이 "YES."라고 대답할 만한 질문을 던지는 것에 있다. 혹시라도 중간에 "NO."라고 대답한다면 'YES set'의 주문은 성공을 거두기 어렵다. 그리고 이때 질문의 내용이 반드시 플러스(긍정적)인 내용일 필요는 없다. 즉 "최근 젊은이들은 해외여행에 흥미가 없는 것 같네요.", "그 책의 판매량이 그다지 늘지 않는 것 같아요." 등 마이너스의 요소를 포함한 부정적인 표현이라도 괜찮다. "YES."를 몇 차례 반복하고 상대방이 그것에 익숙해지면, 그 후에 부정적인 대답이 예측되는 질문을 해도 그 흐름을 급히 뒤집어서 "NO."라고 말하기 어려워지는 것이 '관성'의 트릭이다.

마음에 드는 이성에게 자연스럽게 데이트 신청을 할 때도 이러한 'YES set' 기법을 활용하면 당신이 원하는 답을 얻을 수 있다.

"갑자기 둘이 술 마시러 가는 것이 어려우면 식사를 하는 게 어때?"

"그래. 식사 정도라면 괜찮을 것 같아."

"그래? 술을 마시는 건 조금 그렇다는 거지?"

"뭐, 솔직히 조금 그렇지."

"그러면 처음에는 철수(공통의 친구)도 같이 만나는 게 어때? 나중에 분위기 봐서 우리 둘이서 나가도 좋고."

"뭐, 그것도 나쁘지는 않겠네."

당신의 목적은 처음부터 그녀와의 '식사'가 아니라 '술을 마시는 것'이었기 때문에 상대방이 흔쾌히 "YES."를 외치지 않더라도 최소한 당신의 제안을 부정하지 않게 만들 수 있다. 물론 'YES set' 기법을 사용한다 해도 "NO."라는 답변을 듣는 경우도 있다. 하지만 결국에는 상대방으로 하여금 "YES."라고 말하게 하거나 "NO."라고는 말하기 어려운 분위기를 만드는 심리 조작임에는 틀림없다.

상대방에게 "YES."를 계속 말하게 하는 것은 이론적으로는 이해가 되지만, 실제로 해 보면 의외로 어렵다. 특히 무대 위에서 선보이는 멘탈매직 퍼포먼스의 경우, 첫 대면인 사람에게 막힘없이 "YES."를 말하게 할 필요가 있기 때문에 더욱 어렵다. 하지만 아무리 어려운 것도 연습을 거듭하다 보면 익숙해지고, 어느 순간 잘하게 되는 경지에 이르게 된다. 이를 위해 내가 실천한 연습 방법을 소개하겠다.

지하철에 탔을 때 앞에 앉아 있는 7~8명을 보면서 한 사람씩 머리 위로 '비디오 토크'를 하는 것이다. 비디오 토크라는 것은 비디오를 보고 있는 것처럼 무덤덤하게 봤을 때의 정보를 추려 내 말하는 것을 의미한다. 즉 빨간색은 "빨간색이네요.", 푸른 것은 "파랑군요.", 안경을 쓴 사람에게는 "안경을 쓰고 있네요."처럼 자신의 생각이나 느낌을 완전히 배제한, 있는 그대로의 모습을 말하는 것이다. 그 외에도 "당신은 여성이네요.", "당신은 남성이네요."와 같이 사실 그 대로의 모습, 즉 지금 그 상대에게 그렇게 말해도 결코 부정할 수 없는 것을 생 각하는 것도 도움이 된다.

거리에서 사람들과 스쳐 지나갈 때에도 이러한 연습을 하는 것이 큰 도움이 된다. 스쳐 지나가는 사람당 한 항목씩 꼽아 보는 것이다. '빨간 가방을 드셨네 요.', '갈색 구두를 신으셨군요.'와 같이 마음속으로 말을 건네다 보면 지하철과 같이 정지된 공간에서보다 훨씬 더 속도감이 느껴져 생각과 표현의 속도를 높 일 수 있다.

그런데 머리에 떠오른 말이 네거티브한 영향을 동반할 경우에는 반대로 뒤 집어서 플러스 요소로 말할 수 있도록 훈련해야 한다. 예를 들어 '촌스럽다.'라 는 말이 딱 떠올랐다면, '심플하다.', '성실할 것 같다.', '차분하다.' 등으로 순화 해서 말해 보라. 평소에 플러스(긍정적 표현)로 말하는 방법의 비디오 토크를 연 습해 두면 상대방을 본 순간 빠르게 생각나는 단어도 늘어날 것이고, 일상생활 에서의 응용성도 높아진다.

절대 거부할 수 없는 '가능성 화법'

신경과 의사인 에릭슨 박사의 병원에는 다양한 사람이 방문한다. 그중에는 아 예 마음을 닫고 있는 사람도 많은데, 그들에게 '위에서부터 내려 보는 시선'의 카운슬링을 한다면 더욱더 깊이 마음을 감추고 자신의 고민을 말하지 않는다 고 한다. 그로 인해 에릭슨 박사는 "이렇지 않으면 안 된다."라는 정형적인 충고의 틀에서 벗어나 "이래도 좋고, 저래도 좋아. 그 외의 것이라도 좋아요."라는 방법을 구축했다고 한다.

심리 상담이나 치료가 필요한 사람들 중에는 전문가의 도움을 거부하는 사람도 있다. 그런 사람은 대부분 마음의 상처를 안고 있다. 그래서 그들은 의사에게 이렇게 말하곤 한다.

"나는 의자에 앉는 것도 싫고, 당신의 이야기를 듣는 것도 싫어요."

이런 환자를 만났을 경우 대부분의 의사는 "당신의 마음을 열지 않으면 내가 당신을 도와줄 수가 없다."라고 말하며 어떻게 해서든지 환자를 설득하려고 한다. 그러다 설득이 먹히지 않는다고 판단되면 "오늘은 상담이 힘들 것 같다. 다음에 와라."라고 말하며 환자와의 상담을 포기한다. 하지만 에릭슨 박사는 달랐다. 그는 마음을 굳게 닫은 채 상담을 거부하는 환자를 만나면 이렇게 말했다.

"알겠습니다. 당신은 의자에 앉는 것도, 내 말을 듣는 것도 싫군요. 그럼 내가 혼잣말을 하는 것은 괜찮나요?"

"뭐, 혼잣말이라면 괜찮아요. 어차피 나는 듣지 않을 테니까."

에릭슨 박사는 혼잣말 속에 암시를 넣어 어느새 환자를 최면에 빠지게 했다. 심리학에서는 이것을 '가능성 화법'이라고 한다. 아무것도 강제로 하지 않고, "A라도 좋고, B라도 좋고, 그 외의 것이라도 좋아요."라고 가능성을 이야기하는 것뿐이라서 문맥적으로 부정할 수 없다. 그만큼 부드럽고 다정한 이미지의 대화가 되고, 상대방에 대한 강제와 유도도 적어서 초보자용 테크닉이라고 할 수 있다.

하지만 이 기법의 포인트는 상대방에게 자유 의지를 주면서 결과적으로 당신의 의도대로 결과를 이끌어 내는 것에 있다. 당신이 마음에 드는 이성과 여행을 가고 싶을 때 '가능성 화법'을 통해 OK를 유도할 수 있다.

"이건 그냥 하는 말인데, 만약 나와 여행을 간다고 하면 호텔과 조용한 펜션 중에서 어디가 좋아요?"

함께 여행을 가는 것을 전제로 한 질문이기도 하지만, 상대방에게 '꼭 함께 여행을 가자.', '언제 갈래?'라고 강제적으로 말하고 있지는 않다. 단지 그 여행을 상대방에게 상상하게 할 뿐이다. 그래서 상대방이 느끼는 마음의 부담은 훨씬 줄고, 당신과 함께하는 여행을 상상하게 함으로써 당신에 대한 친근감은 상승시키게 되는 것이다.

이런 종류의 질문을 몇 번 반복하면, 상대방은 우선 '당신과 여행을 간다.'라는 것을 상상하고, 그 후도 당신의 질문에 대답할 때마다 당신과 '결혼한다.', '사귄다.' 등 당신과의 더욱 적극적인 관계에 대해 상상하게 된다.

게다가 이미 한 번 상상하여 이미지가 OK 상태가 되어 있기 때문에 타이밍을 봐서 정말로 여행을 가자고 제안할 때에도 "내가 좋은 펜션을 발견했는데, 같이 갈래?"라고 말을 꺼내가 쉬워진다.

'상상력'은 멘탈리즘만이 아니라 살아가면서 여러 분야에서 굉장히 중요한 힘이 된다. 그 '상상력'을 연애에서 활용하면 큰 효과를 볼 수 있다.

좋아하는 사람과 데이트를 하길 원할 때 상대방에게 "이번 주말에 경복궁에 가지 않을래요?", "오늘 저녁에 파스타를 먹는 게 어때요?"처럼 행동을 한정해서 상대방에게 말을 건네는 것은 그리 바람직하지 않다. 다음 예처럼 좀 더 효과적인 대화법으로 바꾸어 말하는 것이 좋다.

"영화를 보고 싶은데, 어떤 영화가 재미있을까?"

"글쎄, ○○의 작품은 어때?"

"아, 그거 괜찮을까? 너는 그 영화 봤어?"

"지난주에 보고 왔어. 생각보다 재미있더라고."

"그래? 그거 말고 최근에 어떤 영화가 개봉했다던데…… 그게 뭐더라?"

"아, ○○ 말하는 거지? 나도 그 영화 기대하고 있어."

"그렇구나. 근데 주인공이 누구야?"

"○○일 걸?"

"오! 그 배우 나도 좋아하는데. 꼭 보고 싶다. 혹시 그 영화 누구랑 보러 가기로 약속했니?"

"아니, 아직."

"그럼, 나랑 보지 않을래?"

"그러지 뭐."

　상상력을 자극하는 가능성의 화법으로 당신은 ①상대가 좋아하는 것으로 ②앞으로 실현하고 싶어 하는 것을 ③본인의 입으로 직접 말하게 했다. 사실 자신이 좋아하는 것이라면 저항 없이 말해 주는 사람이 많다. '그것'이 무엇인지 찾아서 상대방에게 하고 싶은 것을 말하게 해 보라. 그러면 상대방은 당신에게 더 큰 호감을 가지게 될 것이다.

거절을 역이용하는 'Door in the face technic'

심리학 용어 중에 'Door in the face technic'이라는 것이 있다. 이는 '거절 후 양보 전략'이라고도 한다. 처음부터 상대방이 받아들이기 힘든, 거부당할 것이 예상될 정도의 큰 요구를 함으로써 상대방이 거절에 대한 부담감과 미안함을 느끼게 한 뒤에 그보다 훨씬 작은 것을 요구함으로써 상대방이 순순히 받아들이게 하는 방식이다.

이때, 첫 번째의 과도한 요청을 그대로 받아들이는 사람도 있기 때문에 이 방식은 일거양득의 효과가 있다. 처음 요청을 거절한 사람들에게 부담이 적은 요청을 해서 성사시킬 가능성도 있어 이래저래 시도해 보아도 밑질 게 없는 전략이다.

쉬운 예를 들겠다. 길을 가던 낯선 사람이 당신 집의 문을 덜컥 열고 들어와 큰소리로 이렇게 외친다.

"배가 고파서 그러는데 밥 좀 주세요!"

당신은 어이없다는 표정을 지으며 당연히 낯선 이의 황당한 요구를 거절한다. 그러자 그는 "밥이 힘들면 주스라도 한 잔 주세요."라고 말하며 한 단계 낮은 것을 요구한다. 당신은 잠시 머뭇거렸지만 여전히 상대방의 요구가 못마땅해 "집에 주스가 없어요."라고 다시 한 번 거절한다. 이때 그는 당신에게 거절하기 힘든 가장 마지막의, 최소한의 요구를 한다.

"물이라도 한 잔 주시면 감사히 마시겠습니다."

상대방이 계속해서 자신의 요구를 줄이며 일종의 '양보'를 한데다 당신 역시 그 정도 부탁이면 별 무리 없이 들어줄 수 있다는 판단이 서 상대방에게 물 한 잔을 내민다. 이 사람의 의도가 당신에게 물 한 잔을 얻어 마시는 것이었다는 사실을 안다면 Door in the face technic의 힘이 얼마나 강력한지 잘 알 수 있을 것이다.

Door in the face technic을 문구 그대로 직역하면 '문을 열었을 때 갑자기 사람이 불쑥 얼굴을 들이밀고 무언가를 요구'하는 것이다. 대부분의 사람이 황당해 할 만한 상황이다. 그래서 "미안하지만 그것은 무리예요."라고 거절당하는 것이 가장 큰 목적이다. 그리고 다음, 또 그 다음에 처음 요구했던 것보다 조금 낮춘 것으로 대안을 제시해 간다면, 그것이 상대방에게 받아들여지기 쉽다는 것이다.

Door in the face technic은 '상대방이 양보한 것이기 때문에 나도 양보하지 않으면 안 될 것 같다.'는 기분을 역으로 이용하는 테크닉이다. 맨 처음의 요구는 애초에 생각하지 않고 그냥 버릴 것이었고, 나중에 이야기한 것이 진짜 목적인 것이다.

이런 기법은 지인에게 돈을 빌릴 때도 많이 쓰인다. 우선 상대방에게 빌릴 액수보다 큰 금액을 말하며 돈을 빌려 달라고 요구하고, 상대방이 곤란해 하면 액수를 절반 이하로 낮추어 이야기한다. 그러면 상대방은 '그 정도는 괜찮지 않을까?'라고 생각하며 빌려 주곤 한다.

Door in the face technic은 연애에 활용할 수도 있다. 예를 들면 이제 갓 서로를 알아가며 마음을 키우고 있는 연인 사이에서 조금 더 발전된 관계를 원할 때 다음과 같이 활용할 수 있다.

"우리 내일 1박 2일로 제주도에 가지 않을래?"

"내일? 미안해. 제주도는 너무 갑작스럽다."

상대방이 당장 내일 제주도로 가는 것은 무리라고 답할 것은 이미 당신도 예상한 일이다. 그러니 그다지 당황할 것도, 섭섭할 것도 없다. 다음에 당신이 요구하는 것이 본래의 목적이기 때문이다. 단, 다음의 요구는 현실적으로 상대방의 입장과 마음을 고려한 내용이어야 한다. 그러지 않으면 또 거절을 당할 위험이 있고, 그러면 당신은 다시 한 단계 낮춰 상대방에게 요구해야 한다.

"미안하긴. 네 입장에선 거절하는 게 당연하지. 내가 너무 급하게 일정을 잡았지? 그럼, 다음 주 일요일에 남이섬에 드라이브라도 가지 않을래? 남이섬에 가서 자전거를 타면 정말 환상이거든."

상대방은 한 번 거절한 미안함 때문에 혹은 당신에게 조금이라도 호의가 있다면 이 정도 요구는 쉽게 OK를 해 준다.

작게 시작하여 큰 것을 노리는 'Foot in the door technic'

연애든 비즈니스든 선뜻 상대방에게 무언가를 요구하거나 제안하지 못하는 것은 거절에 대한 두려움 때문이다. 한 번 거절당하고 나면 용기가 떨어지게 되고 심리적으로 위축될 수밖에 없다. 이러한 거절에 대한 충격을 줄이면서 결국에는 목적한 것을 얻어 내는 기법이 바로 'Foot in the door technic'이다.

주인과 함께 사막을 여행하던 낙타가 밤이 되어 날이 추워지자 주인에게 자신의 코만이라도 천막 안에 넣고 잘 수 있게 해 달라고 부탁했다. 주인은 '그 정도야 괜찮지 않을까?'라고 생각하며 낙타의 부탁을 들어주었다. 그러자 낙타는 잠시 후에 자신의 코가 많은 공간을 차지하지 않는다며 천막 안에 목까지 집어넣고 자게 해 달라고 다시 한 번 부탁했다. 주인은 낙타의 부탁을 또 들어주었다. 그렇게 낙타는 조금 더, 조금 더 하면서 결국에는 천막을 차지했고, 주인은 결국 밖에서 잠을 잤다.

《아라비안나이트》에 나오는 이 이야기에서 낙타가 사용한 기법이 바로 Foot in the door technic이다. 우리말로는 '문전 걸치기 전략' 또는 '단계적 요청법'이라 정리할 수 있다. 1966년, 심리학자 조나선 프리드먼과 스콧 프리드먼의 연구에서 비롯된 문전 걸치기 전략은 상대방에게 처음에는 부담감이 적은 부탁을 해 허락을 받으면, 그 다음에 점점 큰 부탁도 들어주기 쉽게 된다는 것으로, 마케팅 분야 등에서 종종 활용하는 기법이다.

앞서 소개한 Door in the face technic이 처음에 거절당할 것을 예상하고 무리한 난제를 제안한 뒤 일단 거절을 당하고 그보다 작은 것을 요구하여 상대방에게 양보의 기분을 환기시키는 것이 목적이라면, Foot in the door technic은 그와 반대로 누구라도 들어줄 만한 작은 요구부터 시작해 조금씩 요구의 수준을 높여 가는 기법이다. 즉 문구의 의미 그대로, 꽉 닫힌 듯한 문에 어떻게든 발끝이라도 넣고 "부탁 드려요. 그냥 제 이야기만이라도 들어주세요. 그 외에는 어떤 것도 바라지 않아요."와 같은 식으로 말하며 간절히 애원하는 이미지이다.

물론 여기에서 '간절히 애원한다.'는 것은 어디까지나 이미지일 뿐 실제로 간절히 애원하면 비굴해 보이거나 자신감이 없어 보여서 오히려 매력도가 떨어질 수 있다.

일단 발끝을 밀어넣는 데 성공하여 상대방의 집에 들어가게 되면 당신의 첫 번째 요구대로 이야기를 나눈 후에 점차 차를 요구한다거나 화장실을 이용하게 해 달라는 등의 요구를 해서 결과적으로는 밥을 얻어먹고 잠까지 편안히 자고 가는 흐름이 된다.

Foot in the door technic은 처음 만난 이성을 유혹하는 데에도 큰 효과를 발휘할 수 있다. 프랑스의 심리학자 니콜라 게겐(Nicolas Gueguen)은 남성들로 하여금 길거리에서 300명 이상의 젊은 여성에게 접근해 술을 한잔하자는 제안을 하도록 했다. 이때 일부 남성에게는 직접 제안을 하기 전에 길을 묻는 등 가벼운 질문을 먼저 하도록 했고, 일부 남성에게는 여성들에게 다가가 곧바로 제안을 하도록 했다.

그 결과, 먼저 길을 물어본 경우에는 60%의 여성이 흔쾌히 동의한 반면, 직접적으로 제안을 한 경우에는 20%만이 동의한 것으로 나타났다. 직접적인 제안을 하기 전에 몇 마디 가벼운 대화를 나누는 아주 사소한 차이로 중대한 변화를 만들어 낼 수 있다는 사실을 확인한 것이다.

이것을 연애에 응용해 볼 수 있다. 당신이 마음에 드는 대상에게 처음부터 이렇게 요구한다면 어떨까?

"지금 당장 나와 사귑시다."

"나와 결혼합시다."

상대방은 분명 황당해하며 뒷걸음질 칠 것이다. 만약 당신이 누군가를 멀리서 지켜보며 호감을 키웠다면 처음부터 연인 관계가 되기를 요구하기보다 '친구'가 되기를 호소해야 한다. 직접 얼굴을 보며 만남을 가지는 친구가 부담스럽다면 처음에는 이메일이나 SNS 등으로 인사를 나누는 '그냥 아는 친구' 정도를 요구해도 좋다. 웬만큼 까칠한 성격이 아니라면 그 정도는 별 무리 없이 들어줄 것이다.

온라인으로 서로의 생각을 나눈 다음에는 실제 오프라인 공간에서 차를 마시며 인사를 나눌 것을 요구하는 것도 괜찮다. 그런 다음 "이렇게 가끔 만나 차를 마시며 대화를 나누는 친구가 되고 싶다." 정도를 제안하며 관계의 지속성을 약속받으면 된다. 이후 함께 식사를 하고, 술을 마시고, 여행을 가는 등 상황에 맞게 조금씩 요구의 단계를 높여 가며 관계를 발전시켜 나가면 된다.

Foot in the door technic의 목적은 처음에 작은 'YES'를 듣는 것으로, 이후 상대방과의 사이에 어떤 종류의 연결과 결합이 생겨 더욱 큰 'YES'를 꺼내기 쉬운 상황을 만드는 것이다. 이렇게 단계별로 차근차근 요구를 높여 가고 그것을 수락해 가다 보면 다소 무리한 부탁을 하더라도 상대방이 거절하기 어려운 상황이 발생한다.

Foot in the door technic은 기업 등에서 상품 판매 마케팅 기법으로도 유용하게 활용하고 있다. 누구나 부담 없이 들어줄 수 있는 작은 부탁은 거절하기 힘들다는 것을 잘 아는 쇼호스트들은 이런 멘트를 날리곤 한다.

"딱 3분만 집중해 주세요."

그러면서 좀처럼 제품의 진짜 가격을 말하지 않는다. '돈으로도 살 수 없는 내 가족의 건강'과 같은 감성적 멘트를 하면서 그와는 비교할 수 없는 작은 금액, 즉 한 달에 단돈 몇 만 원이라는 식으로 힘주어 말할 뿐이다. 담배를 한 갑만 줄이면 되고, 술을 한 잔 덜 마시면 된다는 식이다. 이러한 초기의 감성적인 접근에 마음이 어느 정도 열린 상태이기 때문에 고객들은 애초에 쇼호스트가 요구했던 3분이 훨씬 넘었음에도 해당 채널에서 눈을 떼지 못한다.

대형 할인마트 생필품 코너의 경우 무료 샘플을 나눠 주며 고객의 시선을 끈 뒤 제품을 설명할 기회를 얻곤 한다. 이후 본 제품의 구매를 유도하며 결국에는 제품을 구매하게 만드는 것 역시 이를 활용한 마케팅 기법이다. 또한 전단지 등에 첨부된 '무료 체험권'을 가지고 가면, 무료 체험을 넘어 결국에는 비싼 상품을 구매할 수밖에 없게 되는 경우도 이와 같은 심리 효과를 이용한 것이다.

　단, 연애든 비즈니스든 각 단계의 모든 요구는 상대방이 '그 정도라면 괜찮겠지.'라는 생각이 드는 수준이어야 한다. 괜한 욕심에 거쳐야 할 단계를 훌쩍 뛰어넘는 무리한 요구를 할 경우에는 거절을 당할 위험이 커지기 때문이다.

단계별로 제안하여 부담 줄이기

"아침 7시에 시작되는 실험에 참여하겠습니까?"라는 질문에 실험 참가자의 24%가 "네."라고 대답했다. 아침 7시라는 이른 시각이 큰 부담으로 작용한 것이다. 이번에는 질문의 방식을 바꾸어 보았다.

우선 "실험에 참가하겠습니까?"라고 질문했다. 그러자 실험 참가자의 56%가 "네."라고 대답했다. 그리고 이어서 "시간은 아침 7시입니다. 그래도 하겠습니까?"라고 묻자 모두가 실험에 참가하겠다고 대답했다. 일단 실험에 참가하겠다고 마음을 굳힌 이상, 아침 7시라는 이른 시각이 주는 부담감도 감수하겠다는 것이다.

멘탈리즘 연습하기

1. 물건은 어느 손에 있을까?

〈매직홀〉이나 〈이것이 마술이다〉 등의 멘탈매직 프로그램을 보면, 나를 비롯한 많은 멘탈리스트가 게스트들에게 작은 물건을 한 손에 감추게 한 뒤 어느 손에 있는지 알아맞히는 마술을 자주 한다. 일명, '어느 손에 있나?'라는 이 트릭은 본격적인 멘탈리즘에 들어가기에 앞서 상대방의 성향을 판단하고, 그에 따른 연습을 하는 데 큰 도움이 된다. 이 트릭은 크게 세 가지 방법이 있다. 이 방법들을 차례대로 실행해 보고 시범을 되풀이할 때마다 새로운 방법을 시도해 보아라. 답을 더 많이 연속해서, 반복적으로 맞힐수록 상대방은 당신에게 더 크게 감동하게 된다.

예컨대 단 한 번 시도했을 때 알아맞힐 확률은 50%이기 때문에 그것을 맞힌다 해도 사람들은 그저 운이 좋았다고 생각할 뿐, 그다지 놀라지 않는다. 그런데 연속으로 세 번을 알아맞힌다면 어떨까? 사람들은 그저 운에 의한 것이 아니라 당신의 실력임을 인정하게 될 것이다.

준비　　　반지, 동전 등 손 안에 쥐어 숨길 수 있는 크기의 물건을 준비하고 그것을 상대방에게 쥐게 한다. 이때 당신은 상대방에게서 등을 돌리고 서 있어야 한다. 그리고 상대방에게 양손을 뒤로 감춘 상태에서 물건을 감추고 싶은 손에 숨기라고 한 뒤 아무것도 쥐지 않는 손을 똑바로 앞으로 내밀고, 물건을 쥔 손은 쭉 뻗어 관자놀이 부근까지 올리라고 한다.

첫 번째 트릭

첫 번째 트릭은 매우 간단하다. 당신이 할 일은 상대방의 미묘한 신체적 변화를 감지하는 것이다. 이때 당신은 5~7초 정도 시간을 끌면서 이와 같이 말하면 된다.

"손의 느낌과 감각을 뇌에 전달한다고 생각하는 것이 중요합니다. 그리고 천천히 심호흡을 하면서 뇌가 그 감각을 받아들일 수 있도록 해야 합니다."

이렇게 말도 안 되는 이야기를 하는 이유는 물건을 쥔 손을 7초 정도 높게 들어 올리게 하기 위함이다.

그런 다음 "다 되었나요? 자, 그렇다면 이제 손을 다시 내려서 똑같이 앞으로 쭉 뻗어 주세요."라고 말한 뒤 상대방을 향해 돌아선다. (이때 너무 일찍 돌아서면 손을 내리는 것을 보았다고 의심할 수 있으니 주의해야 한다.) 그리고 상대방의 손을 살펴본다. 한쪽 손이 다른 쪽 손보다 조금 더 창백할 것이다. 관자놀이까지 올리고 있던 손은 혈액 순환이 반대쪽 팔과 똑같이 이루어지지 않았기 때문에 상대적으로 창백한 색을 띠는 것이다. 덕분에 당신은 창백한 손이 물건을 감춘 손이라는 사실을 알 수 있다.

이때 너무 빨리 답을 말하는 것은 금물이다. 당신의 능력이 좀 더 신기하게 느껴지게 하기 위해서는 어느 정도 시간을 두며 긴장감을 유지할 필요가 있다. 우선, 어느 손인지를 재빨리 확인한 뒤 양손이 똑같은 색이 될 때까지 기다린다. 그리고 상대방의 눈을 바라보면서 잠시 침묵을 지키다가 어느 손인지를 드라마틱하게 맞히는 것이다.

"자, 이제 당신의 뇌 속으로 들어가 그 감각을 알아낼 것입니다. 물건을 쥔 손은 오른손입니다. 오른손을 천천히 펴 주세요."

두 번째 트릭

첫 번째 트릭을 마치면 대부분의 관객은 50대 50의 확률로 맞힐 수 있다고 생각한다. 혹은 '손을 들었을 때 무엇인가 속임수가 있지 않았을까?'라는 의심을 할 수도 있다. 그렇다면 이번에는 상대방의 움직임을 최소화하여 알아맞히는 트릭을 써 보자. 이로 인해 관객의 의심이 조금 더 줄어들 것이다.

이 방법은 더 많은 관찰 능력이 요구된다. 우선, 상대방에게 팔을 앞으로 뻗고 정면을 바라보게 한다. 이때 손이 충분히 올라가 있고 양손의 거리가 적당히 떨어져 있는지, 상대방의 두 손이 그의 시선에 바로 들어오는지 확인한다.

이제 상대방에게 아무런 신호도 보내지 말고, 그저 물건을 쥔 손

에 정신을 집중하라고 말한다. 그리고 몇 초 동안 기다린다. 당신
이 운이 좋다면 이미 가볍게 머리를 움찔하거나 물건을 쥔 손을
재빨리 바라보는 상대방의 시선을 관찰할 수 있을 것이다.

만약 이러한 것을 놓쳤다면, 이제는 상대방의 코끝이 어느 방향
으로 향하기 시작하는지 살펴야 한다. 이런 움직임이 보였다면,
어느 쪽 손에 물건을 쥐고 있는지 맞힐 수 있다.

만약 그렇지 않다면, 상대방에게 마음속으로 물건을 쥐고 있는
손의 이미지를 눈앞에 그려 보라고 한다. 이때 상대방은 물건을
쥔 손을 재빨리 훔쳐볼 것이다. 손이 자신의 시야에 들어와 있기
때문에 슬쩍 쳐다보고 싶은 유혹을 뿌리치기 힘들기 때문이다.

세 번째 트릭

마지막 방법은 암시에 바탕을 둔 트릭이다. 이것은 최면의 세계
에서 자주 활용되는 아주 초보적인 방법이다. 최면술사들은 가
끔 이 방법을 통해 상대방이 얼마나 최면에 잘 걸리는지 피암시
성을 테스트해 보기도 한다.

상대방에게 등 뒤로 손을 감추고 물건을 쥔 손을 몇 번 바꾸어 보
라고 한다. 상대방의 행동이 끝나면, 전처럼 주먹을 쥐고 앞으로
손을 뻗어 보라고 한다. 그리고 바닥과 수평을 이루도록 팔을 똑
바로 곧게 편 뒤에 눈을 감으라고 한다. 이것이 바로 암시의 첫
단계이다.

"자, 제가 몇 가지에 대해 말할 테니 잘 들어야 합니다. 집중력 있게 듣고, 그 이미지를 상상하는 것이 정말 중요합니다. 하지만 팔은 절대 움직이면 안 됩니다. 무조건 가만히 있어야 합니다. 알겠죠?"

그리고 차분한 목소리로 계속해서 말을 이어 나간다.

"이제 긴장을 푸세요. 좋습니다. 이제 당신이 쥐고 있는 물건이 아주 천천히 조금씩 더 무거워지고, 무거워지고, 무거워집니다. 마치 납덩어리로 만든 것 같네요. 너무 무거워져서 더 이상 들고 있기가 힘이 듭니다. 더 무거워지는 느낌을 느껴 보세요. 조금 전보다 두 배는 더 무거워졌습니다."

이때쯤에는 당신이 원하는 결과를 얻게 될 것이다. 상대방의 한쪽 팔이 바닥 쪽으로 내려갈 것이다. 물론 당신만이 눈치챌 수 있을 정도로 아주 작은 움직임이 보일 때 끝내도 된다.

"자, 오른손(오른손에 물건을 쥐고 있다면)을 천천히 펴 보세요."

조금 더 암시성을 테스트하고 싶다면 다음과 같이 말하는 것도 효과적이다.

"자, 이제 아무것도 들고 있지 않은 손에 끈이 묶여 있다고 상상해 보기 바랍니다. 끈의 끝에는 헬륨풍선이 매달려 있습니다. 엄청나게 큰 풍선이네요. 그리고 그 풍선 때문에 팔이 매우 가볍게 느껴집니다. 너무 가벼워서 아무 무게도 느껴지지 않습니다. 풍선이 날아가려고 합니다. 당신이 천장으로 끌려 올라가지 않습니다. 이제 당신이 물건을 쥐고 있는 손이 점점 무거워지네요. 당신의 그 손은 납으로 가득 찬 양동이를 들고 있습니다. 너무 무겁습니다."

한쪽 손은 무겁게 만들고 한쪽 손은 가볍게 만드는 것이 포인트이다. 이러한 암시가 잘 통했다면 상대방은 대문자 K모양으로 양팔을 크게 벌릴 것이다. 물론 상대방은 자신의 팔이 이렇게 벌어지는 동안 전혀 움직임을 느끼지 못한다. 상대방은 눈을 뜬 후 자신의 양팔이 위아래로 벌어진 모습을 보며 크게 놀라게 된다.

2. 사람들이 가장 많이 생각하는 것은?

멘탈리즘에서는 인간의 고정관념을 다양하게 테스트하여 멘탈매직의 트릭을 만들어 낸다. 다음은 응답자의 70% 정도가 대답하는 동일한 답을 정리해 놓은 것이다. 가까운 사람에게 질문해 보기 바란다. 놀라운 경험을 하게 될 것이다.

숫자

"1과 5 사이에서 지금 첫 번째로 떠오르는 숫자를 빨리 말해 보세요.", "1과 10 사이에서 지금 첫 번째로 떠오르는 숫자를 빨리 말해 보세요."라고 질문하면 전자의 경우에는 '3', 후자의 경우에는 '7'이라고 대답하는 사람이 많다.

색깔

긴 호흡을 가지고, 생각할 시간을 주고 생각나는 색깔을 물어보면 파란색이라고 답할 확률이 크지만, 생각할 틈을 주지 않고 "지금 바로 떠오르는 색깔을 빨리 말해 보세요."라고 물어보면 '빨간색'이라고 답할 확률이 높다(약 65%)는 통계가 있다.

꽃

멘탈리스트 래리 베커(Larry Becker)는 "긴 줄기가 있는 꽃을 말해 보세요!"라고 물었을 때 대부분 장미를 이야기한다는 점을 착안하여 이를 한 단계 더 업그레이드한 질문을 했다.
"그 꽃의 색깔을 말해 보세요."
이때 대부분의 사람이 '빨간색'이라고 대답한다.

가구

스무 살 이상의 성인들에게 "가구! 하면 바로 떠오르는 것이 무엇입니까?"라고 물으니 대부분 '의자'라고 답했고, 아이들에게 같은 질문을 하니 '침대'라고 답했다. 나이와 상관없이 두 번째로 많이 나오는 답이 '소파'였는데, 침대의 편안함과 의자의 편의성을 통합한 것이 소파이니 이는 꽤나 흥미로운 답변이다.

도형

생각할 시간을 주지 않고 "도형! 하면 바로 떠오르는 모양이 무
엇입니까?"라고 물으면 많은 사람이 '사각형'이라고 답한다. 그
런데 생각할 시간을 어느 정도 주고 같은 질문을 한다면 '삼각형'
이라고 답변하는 사람이 더 많다.

미술 작품

"가장 먼저 생각나는 미술 작품이 무엇입니까?"라고 물으면 많
은 사람이 '모나리자'라고 답한다.

멘탈리즘,
내 삶의 발전을 이끄는
최고의 에너지

요즘 내게 멘탈리즘이 무엇인지 그리고 상대방이 'A'라는 것을 선택할지 어떻게 알았는지 말해 달라고 하는 사람이 꽤 많다. 그런데 정확히 말하면 나는 상대방의 마음을 맞춘 것이 아니라 상대방이 그것을 고르게 컨트롤한 것이다. 인간은 누구나 태어날 때부터 멘탈리즘을 훈련한다. 간단한 예를 들어보겠다.

공원 벤치에 남녀가 앉아 있다. 그들은 커플 혹은 부부이다. 그때 벤치 앞으로 아주 아름다운 여성이 지나간다. 남자는 그 여자를 멍하게 쳐다본다.

이 상황에서 굳이 심리 효과를 언급하지 않더라도 남자가 무슨 생각을 하고 있는지 대충 알 수 있다.

그 순간, 함께 있던 여자가 남자를 노려본다.

이때도 우리는 여자 친구 혹은 아내가 무슨 생각으로 남자를 노려보는지 너무나 잘 안다. 이는 어렸을 때부터 인간이 어떤 표정을 짓고, 시선을 어떻게 움직일 때 그가 무슨 생각을 하는지 교육받아 왔기 때문이다.

멘탈리즘은 이러한 심리학적인 효과와 마술적인 트릭을 결합한 것이다. 멘탈리즘을 익힌다면 당신의 돈을 노리는 사기꾼을 막을 수 있고, 이성 친구의 마음을 재빨리 읽어 내 센스 있는 애인이 될 수도 있다. 또한 상사의 마음을 읽어 신뢰를 이끌어 낼 수도 있고, 후배들의 지지를 받을 수도 있다.

하지만 반드시 알아 두어야 할 것은 멘탈리즘을 익힌다고 해서 곧바로 엄청난 효과를 얻을 수 있는 것은 아니라는 점이다. 나 역시 오랜 기간 동안 심리학 책들을 연구하고 실전에서 응용하며 계속 실천함으로써 멘탈리즘을 익힐 수 있었다. 지금도 계속해서 여러 기법을 실험하고 있다.

솔직히 고백하면 나는 멘탈리즘, 멘탈매직에 큰 관심이 없었다. 눈에 보이는 직관적인 효과도 적고, 트릭의 설명이 매우 단순하고 쉽다고 판단했기 때문이다. 그러나 마술을 공부할수록 멘탈리즘에 깔린 심리학적인 효과가 엄청나다는 것을 알게 되었다. 그리고 인간의 심리 상태는 매우 복잡하지만, 상황을 잘 연출하면 컨트롤 가능한 부분이 있다는 것을 깨달았다. 통계학을 통해 밝혀진 인간의 심리는 마법과 같았다.

무엇보다 멘탈리즘을 공부하고 난 뒤 마술의 깊이가 더욱 넓어지고 관객의 호응도가 더욱 커졌다. 호흡과 화법까지 바꾸니 많은 사람이 '최현우의 마술이 이전보다 훨씬 신기하고 재미있어졌다.'라고 평가해 주었다.

내가 무대 위에서 활용하듯 당신은 비즈니스나 연애 등 삶의 현장에서 효과적으로 멘탈리즘을 활용하면 더욱 긍정적인 성과를 만들어 낼 수 있다. 멘탈리즘은 인종과 성별, 연령을 넘어 '인간이라면 누구나 가지고 있는 보편적인 특성과 습성'을 머리에 넣고, 그것을 일상생활에 대입하여 상대방을 조작하는 테크닉이다.

멘탈리즘의 근저에는 인간에 대한 깊은 관심과 애정이 깔려 있다. 오랜 시간 동안 많은 사람을 관찰하고 조사하고 연구하여 얻은 신뢰성 있는 기법들이 멘탈리즘을 구현하는 중요한 요소가 되기 때문이다. 따라서 연애나 비즈니스 등 다양한 인간관계에서 긍정적인 결과를 이끌어 내고 싶다면 인간의 특성을 이용하는 멘탈리즘에 대해 익혀 둘 필요가 있다.

이 책을 끝까지 읽은 뒤에 내 마술을 보고 '어? 지금 그 심리 트릭을 썼네?'라고 생각할 수도 있다. 물론 실전에서는 책에서 밝힌 것보다 더욱더 복잡하게 구사하지만, 일부는 당신을 위해 공개한 것이니 트릭을 발견하더라도 우리만의 '비밀'로 남겨 두고 그저 마음속으로만 웃어 주었으면 한다.

내 인생의 전환점이 된 멘탈리즘이 당신의 인생을 변화시키고 발전시킬 수 있는 에너지가 된다면 무척 행복할 것이다.

멘탈리즘을 연구한 지 꽤 오래 되었지만 이를 세상에 드러내기 위해서는 나혼자의 능력으로는 불가능했다. 멘탈리즘을 단순히 심리학의 영역이라고 생각하는 사람도 많았고, 사기 혹은 최면의 단계로만 인식하는 사람도 많았다. 하지만 많은 분의 도움을 얻어 방송과 공연에서 멘탈매직을 선보일 수 있었고, 이렇게 책도 출간하게 되었다.

감사함을 전하고 싶은 사람이 참 많다. 철없는 나를 항상 든든하게 보살펴 주는 홍희표 대표님을 비롯한 회사 식구들과 제자들, 후배님들, 20대 나의 마술관에 엄청난 영향을 미친 고(故) 이홍선 선생님, 항상 큰 가르침을 주시는 안성우 선생님, 김정우 선생님, 김준오 선생님, 알렉산더 식구들⋯⋯.

멘탈리즘을 한국 방송에서 처음으로 소개할 수 있게 해 주신 김세진 PD님과 김경홍 PD님, 배성우 차장님, 김지현 작가, 신다정 작가, 이경아 작가, 성민경 작가, 김선영 작가, 스타킹 PD님들을 비롯한 스타킹 식구들과 매직홀 식구들⋯⋯. 이 분들이 없었다면 나의 멘탈리즘은 방송에서 소개되지 못했을 것이다. 이 기회를 통해 고마움을 전하고 싶다.

마지막으로 20세 때까지 나의 정신세계를 만들어 준 부모님과 30대 이후 타인의 삶을 이해할 수 있게 해 주고 용서와 관용, 사랑이 무엇인지 알게 해 준 YS에게도 감사의 인사를 전한다.

내 기억력의 한계로 이름이 빠진 분이 있다면 죄송스러울 따름이다. 내게 아낌없는 사랑과 조언을 보내 준 모든 분께 이 책을 바친다.

참고 문헌

· 토니야 레이맨, 《왜 그녀는 다리를 꼬았을까》, 21세기북스

· 재닌 드라이버 · 마리스카 반 알스트, 《거짓말을 간파하는 기술》, 21세기북스

· 토르스텐 하베터, 《나는 네가 무슨 생각을 하는지 알고 있다》, 위즈덤피플

· 잭 내셔, 《거짓말을 읽는 완벽한 기술》, 타임북스

· 김덕성, 《멘탈리스트, 마음을 해킹하다》, 조이럭클럽

· 요한 마이 · 다니엘 레티히, 《현실주의자의 심리학 산책》, 지식갤러리

· 토니야 레이맨, 《몸짓의 심리학》, 21세기북스

· 하야시 사다토시, 《최면 연애술》, 지식여행

· 이소라, 《생생 연애 심리학》, 그리고책

· 리처드 와이즈먼, 《립잇업》, 웅진지식하우스

· 리처드 와이즈먼, 《괴짜 심리학》, 웅진지식하우스

· 리처드 와이즈먼, 《59초》, 웅진지식하우스

· 리처드 와이즈먼, 《미스터리 심리학》, 웅진지식하우스

· 리처드 와이즈먼, 《잭팟 심리학》, 시공사

· 리처드 와이즈먼, 《왜 나는 눈앞의 고릴라를 못 보았을까?》, 세종서적

· 닐 스트라우스, 《THE GAME》, 디앤씨미디어

· 폴 애크먼, 《얼굴의 심리학》, 바다출판사

· 폴 애크먼, 《텔링라이즈》, 한국경제신문사

· 파멜라 마이어, 《속임수의 심리학》, 초록물고기

· 제임스 보그, 《그녀는 몸으로 말한다》, 지식갤러리

· 하야시 사다토시, 《최면 심리술》, 지식여행

· 유키토모, 《사람은 왜 쉽게 속는가》, 부표

· 이시이 히로유키, 《콜드리딩》, 웅진윙스

· 이시이 히로유키, 《리더의 12가지 카리스마》, 문학수첩

· 스티븐 매크닉 · 수사나 마르티네스 콘데, 산드라 블레이크슬리, 《왜 뇌는 착각에 빠질까》, 21세기북스

· 조현준, 《왜 팔리는가》, 아템포

· 엔리크 펙세우스, 《마인드 리딩》, 티즈맵

· 마티아스 뉠케, 《주도권을 결정하는 한마디 말》, 갈매나무

· 전우영, 《심리학의 힘 P》, 북하우스

· 로버트 치알디니, 《설득의 심리학》, 21세기북스

· 클리포드 나스·코리나 옌, 《관계의 본심》, 푸른숲

· 토드 부크홀츠, 《러쉬!》, 청림출판

· 매들린 L. 반 헤케, 《블라인드 스팟》, 다산초당

· 한스 게오르크 호이젤, 《뇌, 욕망의 비밀을 풀다》, 흐름출판

· 김종성, 《춤추는 뇌》, 사이언스북스

· 대니얼 카너먼, 《생각에 관한 생각》, 김영사

· 데이비드 버스, 《욕망의 진화》, 사이언스북스

· 리처드 탈러·캐스 선스타인, 《넛지》, 리더스북

· 말콤 글래드웰, 《블링크》, 21세기북스

· 임영익, 《메타 생각》, 리콘미디어

· 조셉 오코너·존 시모어, 《NLP 입문》, 학지사

· 가토 세류, 《간단 명쾌한 NLP》, 시그마북스

· 모든 마음 연구소- 네이버 카페

· 문요한 '일단 발만 담그자', 〈노컷뉴스〉, 2007년 6월 18일

해외 서적

· Derren Brown, 《Tricks of the mind》, Channel 4 Books

· Derren Brown, 《Confessions of a Conjuror》, Channel 4 Books

· Banachek, 《Psychological Subtleties 1,2,3》, Magic inspirations

· David Berglas, 《Berglas Effect》, Kaufman and Co.

· Max Maven, 《Prism-The color series of mentalism》, Max Maven

· Max Abrams, 《Annemann : The Life and Times of a Legend》, L & L Publishing

· DaiGo, 《人の心を自由に操る技術 ザ・メンタリズム》, 扶桑社

· DaiGo, 《人生がラクになる7つの方法 今すぐにあなたをストレスフリ ーにする66の 例アドバイス》, 講談社

· Mr. Maric, 《황금의 화살》

이 책의 모든 내용은 여러 분야 거장들의 연구와 토론을 기반으로 정리한 것이다. 많은 책에서 나는 훔치고, 배웠다. 미국의 심리학자 밀턴 에릭슨, NLP의 창시자 리처드 밴들러와 존 그린더, 폴 에크먼, 리처드 와이즈먼, 말콤 글래드웰 등 수많은 학자와 작가들의 연구 결과가 없었다면 이 책은 결코 탄생할 수 없었을 것이다.

멘탈리즘이 점점 각광받고 사랑받고 있는 것은 아이러니하게도 마술사가 아닌 심리학과 다른 분야의 연구가들이 성장한 덕분이다. 그들이 없었다면 멘탈매직의 발전도 쉽지 않았을 것이다. 너무나 고맙고 감사한 일이다.

또한 맥스 메이븐, 대런 브라운, 버글라스, 안네만 등 소수의 멘탈리스트들이 전 세계 마술 역사를 바꿔 놓았다. 이 지면을 통해 그들에게 감사의 인사를 전하고 싶다.